T0114795

El dinero y la Ley de Atracción

Otros títulos en español de Hay House

El Asombroso poder de las emociones, Esther y Jerry Hicks
Aventuras de una psíquica, Sylvia Browne
Cambie sus pensamientos y cambie su vida, Wayne W. Dyer, Ph.D.
Conexiones espirituales, Sylvia Browne (2009)
Conversaciones con el otro lado, Sylvia Browne
Curándote con los ángeles: Cartas oráculas, Doreen Virtue
La desaparición del universo, Gary R. Renard (2009)
Dios, la creación, e instrumentos para la vida, Sylvia Browne
La edad de los milagros, Marianne Williamson
El fascinante poder de la intención deliberada, Esther y Jerry Hicks
Feng Shui para occidente, Terah Kathryn Collins
Gratitud, Louise L. Hay
Guía diaria de sus ángeles, Doreen Virtue
Inspiración, Wayne W. Dyer, Ph.D.
La Ley de Atracción, Esther y Jerry Hicks
Lecciones de vida por Sylvia Browne, Sylvia Browne
El Libro de los ángeles de Sylvia Browne
Meditaciones para sanar tu vida, Louise L. Hay
Un mensaje de García, Charles Patrick Garcia
En mis propias palabras, Su Santidad el Dalai Lama
La Matriz Divina, Gregg Braden
¡El mundo te está esperando!, Louise L. Hay
La naturaleza del bien y del mal, Sylvia Browne
Los niños índigo, Lee Carroll y Jan Tober
La oración y las cinco etapas de curación, Ron Roth, Ph.D., y Peter Occhiogrosso
Pedid que ya se os ha dado, Esther y Jerry Hicks
Pensamientos del corazón, Louise L. Hay
La perfección del alma, Sylvia Browne
Los placeres secretos de la menopausia, Christiane Northrup, M.D.
El poder contra la fuerza, David R. Hawkins, M.D., Ph.D.
El poder está dentro de ti, Louise L. Hay
El poder de la intención, Wayne W. Dyer, Ph.D.
Respuestas, Louise L. Hay
Sana tu cuerpo, Louise L. Hay
Sana tu cuerpo A–Z, Louise L. Hay
Sánese con los ángeles, Doreen Virtue
10 Secretos para conseguir el éxito y la paz interior, Wayne W. Dyer, Ph.D.
Secretos y misterios del mundo, Sylvia Browne
Si usted pudiera ver lo que yo veo, Sylvia Browne
Sobrevivir para contarlo, Immaculée Ilibagiza
Sociedades secretas, Sylvia Browne (2009)
Su realidad inmortal, Gary R. Renard (2010)
Terapia con los ángeles, Doreen Virtue
Todo lo que siempre deseo saber sobre Su Santidad el Dalai Lama respecto a la felicidad, la vida, el vivir y mucho más, Rajiv Mehrotra
Usted puede sanar su vida, Louise L. Hay
La vida es corta: Póngase sus pantalones de fiesta, Loretta LaRoche
Vive tu vida, Carlos Warter, M.D., Ph.D.
Vivir en equilibrio, Wayne W. Dyer, Ph.D.
¡Vivir! Reflexiones sobre nuestro viaje por la vida, Louise L. Hay

(760) 431-7695 o (800) 654-5126 • (760) 431-6948 (fax) o (800) 650-5115 (fax)
Hay House USA: **www.hayhouse.com**®

El dinero y la Ley de Atracción

Cómo aprender a atraer prosperidad, salud y felicidad

ESTHER Y JERRY HICKS

(Las enseñanzas de Abraham®)

HAY HOUSE, INC.
Carlsbad, California • New York City
London • Sydney • New Delhi

Publicado en los Estados Unidos por: Hay House, Inc., P.O. Box 5100, Carlsbad, CA 92018-5100 USA • (760) 431-7695 o al (800) 654-5126 • (760) 431-6948 (fax) o al (800) 650-5115 (fax) • www.hayhouse.com®

Supervisión de la editorial: Jill Kramer • *Diseño:* Tricia Breidenthal
Traducción al español: Adriana Miniño: **adriana@mincor.net**

Título del original en inglés: *Money, and the Law of Attraction*

ISBN: 978-1-4019-2457-7

Impresión #1: febrero 2009

Impreso en los Estados Unidos

─❀─

Hemos tenido el placer de conocer a algunas de las personas
más influyentes de nuestra época, y nadie se compara
a Louise Hay (Lulu), fundadora de Hay House,
quien es como un manantial que emana la proliferación
del arte de la superación personal a través del positivismo.
Hay House, Inc., se ha convertido hoy en día en el mayor difusor
del mundo de materiales espirituales y de superación personal.

Le dedicamos este libro con cariño y aprecio
a Louise Hay, y a cada una de las personas
que ella ha atraído con su visión.

─❀─

Contenido

Prefacio por Jerry Hicks. xiii

PRIMERA PARTE: *Dar un giro* y el *Libro de aspectos positivos*

- Su historia y la *Ley de Atracción* 3
- ¿Parece injusta la vida algunas veces? .3
- "Hacer lo mejor que puedo" ¿no es suficiente? 4
- Puedo lograr todo lo que deseo 5
- Tener éxito es mi derecho natural de nacimiento 6
- El dinero no es la raíz del mal ni de la felicidad 7
- Soy quien atrae todas mis experiencias 8
- Ya conocía la consistencia de la *Ley de Atracción* 9
- ¿A qué nos referimos por *Vibración*? .11
- Cuando me siento abundante, la abundancia me encuentra . .12
- En vez de hacerlo de forma inconsciente,
  vivan la vida deliberadamente 13
- Cuenten la historia que desean experimentar 14
- Cada tema es en verdad dos temas 15
- ¿Cuál es la historia que estoy contando ahora? 16
- El *Proceso de dar un giro* puede orientar de nuevo mi vida 17
- Soy el creador de mi experiencia de vida 18
- Se siente bien tener pensamientos alineados 19
- Ver mi mundo a través de los ojos de la Fuente 20
- Puedo decidir deliberadamente sentirme bien 21
- ¿Pueden las emociones negativas causar enfermedades? 22
- Dar un giro de sentirme mal a sentirme bien 23
- ¿Estoy en armonía con mi deseo? 24
- *¿Qué deseo?* y *¿Por qué?* 25
- Puedo sentirme mejor ahora mismo .26
- La atención a lo indeseado atrae más de lo indeseado 28
- ¿Estoy enfocado en lo deseado o en lo indeseado? 28

- El enfoque en la solución y no en el problema 29
- Lo que *deseo* es sentirme bien 30
- Cada vez que me siento mal, estoy atrayendo lo indeseado . . . 31
- Mis pensamientos se compenetran con pensamientos correspondientes más intensos 32
- Crear un *Libro de aspectos positivos* 35
- La *Ley de Atracción* le añade poder a los pensamientos 36
- Comenzaré mi día con pensamientos que me hagan sentir bien 38
- El sueño es el momento de realinear energías 39
- Un ejemplo de un *Proceso de aspectos positivos a la hora de dormir* 40
- Un ejemplo de un *Proceso de aspectos positivos al despertar* 41
- Sé cómo me quiero sentir 43
- Nada es más importante que sentirse bien 44
- Cuanto mejor se ponen las cosas, mejor se ponen las cosas . . . 45
- Mi Universo está equilibrado positiva y negativamente 46
- Mi Universo responde a mi atención a 47
- Las decisiones de sentirme bien atraen sentimientos agradables 48
- ¿Cómo no sentir su dolor? 50
- ¿Mi conmiseración no es de valor para nadie? 52
- ¿No sentir dolor ante el dolor ajeno? 54
- No soy responsable por las creaciones de los demás 57
- ¿Escuchar la guía o tratar de sentirme bien? 58
- ¿Qué tal si juego a *¿Qué tal si?*? 59

SEGUNDA PARTE: Atraer dinero y manifestar abundancia

- Atraer dinero y manifestar abundancia 65
- La acción basada en la carencia no deja resultados 67
- Primero que todo encontraré mi equilibrio vibratorio 68
- Ni el dinero ni la pobreza brindan alegría 69

- Estoy aquí como un creador alegre 71
- El poder de gastar vibratoriamente dinero vibratorio 72
- Necesitar dinero no lo atrae. 73
- ¿Qué pasa si un "pobre" no se siente pobre?. 74
- ¿Cuál es mi historia sobre la "abundancia financiera"? 76
- ¿Qué pasa cuando los pobres critican a los ricos? 77
- ¿Qué pasa si nuestro dinero pierde valor?. 79
- ¿Cómo invertir una espiral en picada? 80
- Una guerra contra la guerra es una guerra. 82
- ¿Podemos tener éxito sin talento?. 83
- ¿Podemos recibir sin dar? 83
- Ellos desean ganarse la lotería 84
- Vivir en abundancia no es algo "mágico" 85
- ¿Cambiar libertad por dinero?. 86
- Sentimientos negativos respecto al dinero o al cáncer 88
- Él no tuvo que luchar para tener dinero 89
- ¿Es cómodo gastar dinero?. 92
- ¿Cómo puedo cambiar mi punto de atracción? 94
- Yo establezco mis estándares 95
- ¿Funciona "ahorrar para sentirnos seguros"? 96
- Contar una nueva historia sobre la abundancia, el dinero y el Bienestar financiero 97
- Un ejemplo de mi "antigua" historia respecto al dinero 98
- Un ejemplo de mi "nueva" historia respecto al dinero. 99

TERCERA PARTE: Mantener mi Bienestar físico

- Mis pensamientos crean mi experiencia física 105
- Quejarse de las quejas también es quejarse 106
- Puedo sentirme bien en mi cuerpo 107
- Las palabras no enseñan, pero la experiencia de vida sí lo hace 108

- La *Ley de Atracción* expande cada uno de mis pensamientos . . 109
- 15 minutos hacia mi Bienestar intencional. 110
- No estoy atado a las creencias ajenas 112
- Hay tiempo suficiente para lograrlo 113
- ¿Por qué deseo condiciones físicas perfectas? 114
- Puedo confiar en mi *Ser Interior* eterno 115
- ¿Cuál es el papel del pensamiento
  en las heridas traumáticas? 116
- ¿Puede una enfermedad congénita
  resolverse vibratoriamente? 117
- Las enfermedades principales,
  vienen y se van, pero ¿por qué? 118
- He sido testigo de la auto-curación natural de mi cuerpo. . . . 119
- Cuando mantengo mi atención en la buena salud,
  ¿mantengo mi buena salud? 120
- Cuando me siento inspirado a ver al médico 121
- Euforia en las fauces de un león 122
- ¿Cómo puede alguien que está sintiendo
  dolor enfocarse en otra cosa? 124
- Mi estado natural es de Bienestar 125
- ¿Cómo pueden los pensamientos
  de un bebé atraer enfermedades? 126
- ¿Por qué nacen algunos con enfermedades? 128
- Hablemos sobre el concepto
  de las enfermedades "incurables" 129
- Enfocarnos en la diversión para recuperar la salud. 130
- ¿Ignorar la enfermedad la resuelve? 131
- ¿Cuál es el efecto de las vacunas en las enfermedades? 132
- ¿Qué pasa entonces con los médicos,
  los sanadores espirituales y los curanderos? 132
- Sus médicos como vehículos para lograr el Bienestar 133
- ¿Qué puedo hacer para ayudarlos? 134
- Pero, ¿y si están en estado de coma? 135
- ¿Puedo heredar la enfermedad de mi abuela? 136
- ¿Cuál es el papel de los medios
  de comunicación en las epidemias? 138

- Observen las sensaciones
  de incomodidad mientras sean leves 139

- ¿Existe algún tipo de cura para la artritis y el Alzheimer? 140

- ¿Son el ejercicio y la nutrición
  factores incidentes en la salud? 141

- ¿Qué pasa cuando una persona sana
  se siente cansada casi todo el tiempo? 143

- ¿Cuál es la causa principal de las enfermedades? 143

- Un ejemplo de mi "antigua"
  historia respecto a mi Bienestar físico 145

- Un ejemplo de mi "nueva"
  historia respecto a mi Bienestar físico 145

CUARTA PARTE: Perspectivas de salud, peso y mente

- Deseo disfrutar de un cuerpo sano 151

- Deseo equilibrar mis deseos y mis experiencias 152

- No necesito comparar mi cuerpo con el de los demás 153

- ¿Qué tal si me veo como un ser perfecto? 154

- Ir en contra de lo indeseado atrae más de lo indeseado 154

- Mi atención a las carencias atrae más carencias 155

- Plantar semillas de temor hace crecer más temor 156

- ¿Debe la atención a las enfermedades atraer enfermedades? . . 156

- ¿Está mi atención enfocada
  predominantemente en el Bienestar? 157

- La evidencia física de los demás
  no tiene que ser mi experiencia 159

- ¿Cómo puedo influenciar todo para mantener mi salud? 160

- Reposo y duermo en mi Bienestar 160

- ¿Las emociones negativas indican
  pensamientos que no son sanos? 161

- ¿Hasta qué punto puedo controlar mi cuerpo? 162

- ¿Podemos desarrollar conscientemente
  nuevos músculos y huesos? 164

- ¿Qué pasa cuando los deseos ajenos
  predominan sobre mis creencias? 165
- ¿Qué pasa si creo en gérmenes peligrosos? 167
- Soy guiado *hacia* lo que *deseo* 169
- Primero debo estar dispuesto a complacerme 170
- ¿Existe un momento apropiado para morir? 170
- ¿Es siempre la muerte una forma de suicidio? 171
- Un proceso para manejar el peso de nuestro cuerpo 173
- En relación con la comida,
  ¿puedo ir en pos de mi felicidad? 174
- ¿Cuáles son mis creencias respecto a la comida? 175
- Las opiniones de los demás respecto
  a mi cuerpo son insignificantes 176
- Un ejemplo de mi "antigua" historia sobre mi cuerpo 177
- Un ejemplo de mi "nueva" historia sobre mi cuerpo 178

QUINTA PARTE: Las profesiones como fuentes de placer lucrativas

- Mis primeros pasos en la selección de mi profesión 181
- "¿En qué trabajas?" 183
- La *Ley de Atracción* y la profesión 185
- Llenar mi vacío por medio del servicio 187
- ¿Ayudará a los demás mi propio éxito? 189
- Deseo libertad, prosperidad y alegría 190
- Desco sentirme bien en mi vida 191
- Yo creo mi propia profesión en donde encuentre la alegría . . 192
- ¿Es inmoral recibir sin dar? 192
- Bienvenidos al planeta Tierra 194
- Lo más importante es sentirme bien 195
- ¿Qué está obstaculizando mi profesión? . , , , , , , . . 196
- Buscaré razones para sentirme bien 197
- *¿Deseo* o *tengo* que? 198

- • ¿Y si lo que me brinda placer atrae dinero?. 200
- • Quiero sentirme libre en mi trabajo 201
- • ¿Cuáles son los aspectos positivos de esto?. 202
- • El tiempo que paso trabajando es cuestión de percepción . . .206
- • ¿Debería tratar de trabajar más duro? 208
- • Un ejemplo de mi "antigua" historia sobre mi profesión. . . .210
- • Un ejemplo de mi "nueva" historia sobre mi profesión 211
- • Es hora de contar una nueva historia 211

Acerca de los autores 215

Prefacio

por Jerry Hicks

¿Qué cree que lo atrajo hacia este libro? ¿Por qué supone que está leyendo estas palabras? ¿Qué parte del título le llamó la atención? ¿*Dinero*? ¿*Salud*? ¿*Felicidad*? ¿*Aprender a atraer*? ¿O quizá fue la *Ley de Atracción*?

Cualquiera que haya sido la razón obvia que le haya llamado la atención hacia este libro, la información aquí contenida le ha llegado como repuesta a algo que usted ha estado pidiendo.

¿De qué se trata este libro? Le enseña que se supone que se sienta bien en su vida y que nuestro Bienestar general es algo natural. Le enseña que no importa lo buena que sea su vida en este momento, siempre puede ser mejor, y que usted controla la decisión y el poder de mejorar sus experiencias. Y le ofrece herramientas filosóficas prácticas que, al ponerlas en uso consciente, le permitirán disfrutar más de la salud, la prosperidad y de la felicidad que son su derecho natural de nacimiento. (Y lo sé, porque me ocurre todo el tiempo. Mientras paso por una experiencia contrastante que aclara mis deseos produciendo un nuevo deseo, y luego una nueva manifestación, mi vida en general mejora cada vez más.)

¡La vida es maravillosa! Es el primer día del año 2008, y estoy comenzando a escribir este prefacio sentado en el comedor de nuestro recién adquirido "paraíso" en Del Mar, California.

Desde la época en que Esther y yo nos casamos en 1980, nos fascinaba visitar este "Jardín del Edén" cada vez que podíamos. Y ahora, después de todos estos años como turistas apreciando San Diego, vamos a vivir aquí parte de nuestro tiempo como residentes agradecidos.

Y, ¿cómo no sentirnos agradecidos? Primero con nuestro amigo que nos condujo a esta propiedad. (Le dijimos que estábamos buscando una propiedad cerca de Del Mar en donde pudiéramos estacionar nuestro autobús que mide casi 14 metros de largo). Luego con los arquitectos paisajistas, ingenieros, diseñadores, carpinteros, electricistas, plomeros, constructores de tejados y trabajadores de acanalados de cobre. Después, con todos esos comerciantes talentosos y habilidosos: los que revistieron los pisos de azulejos; aquellos que aplicaron el estuco; con los pintores, y los herreros creadores de rejas y portales. Además, con los que instalaron los pisos, las puertas deslizantes personalizadas, las ventanas y puertas de madera con arcos y ventanas con vitrales. Y con las personas altamente calificadas que instalaron los equipos sofisticados: el sistema de iluminación con control maestro marca Lutron, el sistema informático de red de computadoras, audio y video; el aire acondicionado nuevo (y silencioso) marca Trane para zonas múltiples con control maestro, y la cocina y las máquinas para lavar y secar ropa de las marcas Snaidero, Miele, Bosch y Viking. También con aquellos equipos de laboriosos trabajadores que realizaron las excavaciones y las zanjas, transportaron lo necesario, vertieron el cemento, pusieron las piedras y transplantaron los enormes árboles... Y, finalmente, con los miles de personas que participaron, y también ganaron dinero, por la invención, la creación y la distribución de todos los productos involucrados... En conclusión, tenemos mucho que agradecer.

Y esto es nada más la punta del iceberg de todo lo que tenemos para apreciar. Como el descubrimiento de un nuevo restaurante "favorito", sus propietarios y el personal, a sólo unos minutos de distancia, y luego esos vecinos increíblemente encantadores, eclécticos y positivos que nos dieron la bienvenida en un estilo que jamás había experimentado antes.

Y todavía hay más. La vista deslumbrante al sur de la primitiva Reserva Torrey Pines State, al otro lado del Carmel Valley Creek y del santuario de aves acuáticas y la laguna, y más allá, la espuma y la grandiosa cresta de las olas rompiéndose en el Océano Pacífico mientras bañan incansablemente la Playa de Torrey Pines. Sí, ¡la vida es hermosa!

(Esther y yo acabamos de dar un breve paseo por la playa, y ahora nos estamos aquietando mientras nos preparamos para ponerle los toques finales al nuevo libro de Abraham: *El dinero y la Ley de Atracción: Cómo aprender a atraer prosperidad, salud y felicidad.*)

Fue hace ya más de cuarenta años, cuando mientras daba una serie de conciertos en universidades del país, advertí "accidentalmente" un libro sobre una mesa en la sala de un motel de un pequeño pueblo de Montana. Ese libro, *Piense y hágase rico* de Napoleon Hill, cambió mis creencias sobre el dinero de forma tan dramática, que cuando utilicé sus principios, atraje el éxito financiero a mi vida de formas que jamás había imaginado posibles.

Pensar en hacerme rico no era algo en lo que había estado muy interesado. Pero poco después de descubrir ese libro, *decidí* que deseaba modificar la forma en que ganaba dinero e incrementar la cantidad que recibía. Resultó que la atracción hacia el libro de Hill, había sido la respuesta directa a lo que yo había estado "pidiendo".

Poco después de mi encuentro con *Piense y hágase rico* en ese motel de Montana, conocí a un hombre en un motel en Minnesota quien me ofreció una oportunidad de hacer negocios tan compatible con las enseñanzas de Hill, que durante nueve gozosos años enfoqué mi atención en construir esos negocios. Después de esos nueve años, el negocio creció hasta convertirse en una empresa internacional de millones de dólares. Y en ese periodo de tiempo relativamente corto, mis finanzas pasaron de tener justo lo necesario (lo cual era lo que verdaderamente había deseado hasta entonces) a alcanzar todas mis nuevas metas financieras recién inspiradas.

Lo que aprendí del libro de Hill funcionó de forma tan grandiosa para mí que comencé a usar ese trabajo como un "libro de texto" para compartir sus principios del éxito con mis colegas. Pero, en retrospectiva, a pesar de lo extremadamente bien que las enseñanzas funcionaban en mi caso, me di cuenta que solamente dos de mis colegas habían obtenido el enorme éxito financiero que yo deseaba para todos ellos. Y así fue que comencé a buscar otro nivel de respuestas que pudieran ser más efectivas para un rango más amplio de personas.

Como resultado de mi experiencia personal con *Piense y hágase rico*, llegué a convencerme de que el logro del éxito era algo que podía *aprenderse*. No teníamos que haber nacido en una familia que ya hubiera descubierto cómo ganar dinero. No teníamos que sacar buenas calificaciones en la escuela ni conocer a las personas apropiadas, ni vivir en el país adecuado, medir la estatura correcta, pertenecer a la raza, género, religión, o lo que sea, adecuados. Sencillamente, debíamos aprender unos cuantos principios simples y luego ponerlos en práctica con consistencia.

Sin embargo, no todo el mundo recibe el mismo mensaje de las mismas palabras, ni los mismos resultados de los mismos libros. Y tan pronto como comencé a "pedir" más información, apareció en mi vida el brillante libro *Ilusiones* de Richard Bach. Y aunque *Ilusiones* me abrió las puertas a uno de los momentos más esclarecedores de mi vida y me brindó algunos conceptos que comenzaron a abrir mi mente al fenómeno que estaba a punto de experimentar, no contenía principios adicionales que pudiera usar conscientemente en mi negocio.

El siguiente descubrimiento "accidental" de un libro increíblemente valioso para mí, ocurrió mientras pasaba el tiempo en una biblioteca de Fénix. No andaba "buscando" algo en especial, pero de repente me llamó la atención un libro que estaba en la parte superior de un estante llamado *Seth Speaks,* por Jane Roberts y Robert F. Butts. Seth, "una entidad no física," había "dictado" una serie de libros a través de Jane, y los leí todos. Y por muy extraña que esa forma de comunicación le pareciera a la mayoría de las personas (Esther se sentía extremadamente incómoda con eso al principio), siempre he tendido a juzgar al árbol por sus frutos. Así es que observé más allá de los aspectos "extraños" y me enfoqué en las partes que para mí eran positivas y prácticas del material de Seth, que sentía que podía utilizar para ayudar a mejorar la experiencia de vida de los demás.

Seth tenía una perspectiva de vida distinta a lo que yo había escuchado hasta entonces, y me interesaban en particular estos dos términos: "Usted crea su propia realidad" y "Su punto de poder radica en el presente." Aunque por mucho que leyera, nunca llegaba a entender verdaderamente esos principios, de alguna manera sabía que en ellos yacían las respuestas a mis preguntas. Sin embargo, Jane ya no existía en forma física, así es que "Seth" no estaba disponible para más aclaraciones.

A través de una serie de eventos fortuitos, de una manera similar a las experiencias de Seth y Jane, Esther, mi esposa, comenzó a recibir el material que es ahora conocido como las *Enseñanzas de Abraham®*. (Si desea escuchar una de las grabaciones originales que explican nuestra introducción a Abraham, puede escuchar gratis nuestra *Introducción a Abraham,* son 70 minutos y se puede descargar en nuestra página de internet: **www.abraham-hicks.com**, o pedirla en nuestra oficina como un disco compacto gratis.)

En 1985 cuando comenzó este fenómeno con Esther, pude percibir que esto sería la respuesta para mi deseo de comprender mejor las *Leyes del universo* y cómo podríamos ser capaces de trabajar natural y deliberadamente en armonía con ellas, con el fin de cumplir con nuestro propósito como seres en forma física. Así es que hace veinte años me senté con Esther y con una pequeña grabadora, y asalté a Abraham con cientos de preguntas de principalmente veinte temas distintos, la mayoría relacionados con la espiritualidad práctica. Más adelante, cuando otras personas comenzaron a escuchar hablar sobre Abraham y quisieron relacionarse con nosotros, produjimos esas veinte grabaciones y las publicamos como dos álbumes de temas especiales.

En el transcurso de dos décadas, millones de personas han conocido las Enseñanzas de Abraham como resultado de nuestros muchos libros, cintas, discos, videos, talleres y presentaciones en radio y televisión. Además, otros autores de libros de mayor venta comenzaron a usar las enseñanzas de Abraham en sus libros y en la radio, la televisión y presentaciones de talleres... y luego, unos dos años atrás, una productora de la televisión australiana nos pidió permiso para realizar una serie televisiva relacionada con nuestro trabajo con Abraham. Ella asistió con su equipo de filmación a uno de nuestros cruceros a Alaska, filmó la presentación, y después fue en busca de otros estudiantes de nuestras enseñanzas a quienes incorporó en la película (piloto), y el resto (como dicen) es historia.

La productora llamó a su película *El secreto,* en donde presenta el principio básico de las Enseñanzas de Abraham: la *Ley de Atracción.* Y a pesar de que no fue seleccionado por la cadena de televisión australiana (Nine) para ser presentado como una serie, el documental se convirtió directamente en un DVD y en un libro... y ahora, gracias a *El secreto,* el concepto de la *Ley de Atracción* ha alcanzado muchos más millones de personas que siguen pidiendo llevar una vida mejor.

Este libro ha evolucionado de la transcripción de cinco de nuestras grabaciones originales de hace más de viente años. Esta es la primera vez que estas transcripciones están disponibles en forma impresa. Sin embargo, no son una copia fiel, pues Abraham ha repasado cada página de las transcripciones originales y ha modificado todo lo que consideraba necesario para facilitar al lector su comprensión, y para poder practicar de forma inmediata lo aprendido.

Hay un refrán en el mundo de la enseñanza: "Dígale lo que les tiene que decir. Entonces, se lo dice. Luego, dígale lo que les acaba de decir." Si usted decide sumergirse en estas enseñanzas, probablemente se dará cuenta de que nos repetimos mucho porque, por lo general, aprendemos mejor a través de la repetición. Uno no puede seguir con los mismos viejos hábitos, patrones de pensamientos de limitaciones y obtener resultados ilimitados. Pero, por medio de la repetición sencilla y practicada puede, con el tiempo, desarrollar cómodamente nuevos hábitos que mejoren su vida.

En el mundo de las comunicaciones hay un refrán que dice: "La gente prefiere divertirse que estar informada." Y bien, a menos que a usted le divierta aprender nuevas formas de ver la vida, probablemente encontrará este libro más informativo que divertido. Más que una novela entretenida de leer y que luego se deja a un lado; es como un libro de texto sobre los principios para obtener y mantener la prosperidad, la salud y la felicidad; es un libro para leer, estudiar y poner en práctica.

Me sentí guiado hacia esta información debido a mi deseo de ayudar a los demás a sentirse mejor, especialmente en el área de la realización financiera, por eso me siento especialmente satisfecho de que este libro sobre el *Dinero* esté ahora en camino hacia aquellos que están buscando las respuestas que ahí encontrarán.

El dinero y la Ley de Atracción es el segundo de los cuatro libros programados sobre la *Ley de Atracción*. Hace dos años publicamos *La Ley de Atracción: Las enseñanzas básicas de Abraham*. Enseguida vendrá *Las relaciones y la Ley de Atracción;* y el libro final de la serie se llamará *La espiritualidad y la Ley de Atracción*.

Repasar este material capaz de transformar vidas, en preparación para la publicación de este libro, ha sido una experiencia deliciosa para Esther y para mí pues hemos recordado una vez más estos principios básicos y sencillos que Abraham nos ha enseñado desde el comienzo de nuestra relación.

Desde el inicio, Esther y yo hemos intentado aplicar a nuestras vidas todo lo que Abraham nos ha enseñado. Y el resultado de esta experiencia dichosa de crecimiento ha sido notable: después de dos décadas de practicar estos principios Esther y yo seguimos enamorados. (Aunque acabamos de terminar de construir esta nueva casa en California y ahora estamos en el proceso de construir un nuevo hogar en nuestro complejo empresarial en Texas, disfrutamos tanto de nuestra presencia mutua que seguiremos viajando de taller en taller el próximo año en nuestra casa rodante Marathon de casi 14 metros de largo.) Hace veinte años que no visitamos a un médico (no tenemos seguro médico). No tenemos deudas y la suma que pagaremos en impuestos por ingresos este año excede todas nuestras ganancias de los años antes de recibir la guía de Abraham; y a pesar de que ni todo nuestro dinero y buena salud pueden *hacernos* felices, Esther y yo seguimos encontrando formas de vivir felices.

Por todo esto, es con una dicha extraordinaria que podemos decirles, basados en nuestra propia experiencia: *¡Esto funciona!*

⁕ ⁕ ⁕ ⁕ ⁕ ⁕

(**Nota de la editora:** Por favor, tenga en cuenta que puesto que no siempre existen palabras físicas en inglés para expresar los pensamientos no físicos que Esther recibe, a veces ella forma nuevas combinaciones de palabras, y también usa palabras estándares en nuevas formas, por ejemplo, usa mayúsculas en donde normalmente no se usan, con el fin de expresar nuevas formas de ver las cosas de la vida en vez de verlas de la forma en que solíamos hacerlo.)

PRIMERA PARTE

Dar un giro
y el *Libro* de
aspectos
positivos

Su historia y la *Ley de Atracción*

Cada uno de los componentes que hacen parte de las experiencias de su vida es atraído por ustedes a través de la respuesta de la poderosa <u>Ley de Atracción</u> a sus pensamientos y a la historia que ustedes cuentan sobre sus vidas. Su dinero y sus activos financieros; el Bienestar, la pureza, la flexibilidad, el tamaño y la forma de sus cuerpos; su ambiente de trabajo, cómo son tratados, la satisfacción con su trabajo y las recompensas, de hecho, la felicidad en general de su experiencia de vida, todo ocurre según la historia que cuentan. Si se permiten revisar su intención predominante, y mejorar el contenido de la historia que usted cuenta a diario sobre su vida, es nuestra promesa absoluta que su vida se convertirá en una experiencia cada vez mejor. Pues, según la poderosa <u>Ley de Atracción,</u> ¡así debe ser!

¿Parece injusta la vida algunas veces?

Has deseado tener más éxito y has hecho todo lo posible para lograrlo, has hecho todo lo que te han dicho que deberías hacer, pero el éxito que has estado buscando se está tardando mucho en llegar. Has intentado con todas tus fuerzas, especialmente al principio, en aprender todo lo necesario, estar en los lugares apropiados, hacer las cosas correctas, decir las cosas correctas... pero, a menudo, parece que las cosas no mejoran casi nada.

Antes, en tu vida, cuando comenzaste a concebir la idea de lograr el éxito, te satisfacía llenar las expectativas de aquellos que establecieron las reglas del éxito. Los maestros, padres y mentores que te rodeaban parecían confiados y convencidos cuando establecieron sus reglas para el éxito: "Llega siempre a tiempo; haz lo mejor que puedas; recuerda trabajar duro; sé siempre honesto; busca la grandeza; ve más allá del deber; a través del dolor aprendes; y, lo más importante, nunca te rindas..."

Pero, con el tiempo, la búsqueda de tu satisfacción ha ido languideciendo a medida que has logrado obtener la aprobación de aquellos que establecieron las reglas, al ver que sus principios para la consecución del éxito, por mucho que lo has intentado, no te han rendido los resultados prometidos. Y lo que es todavía más descorazonador: te detienes a observar el panorama general y te das cuenta que sus principios, en la mayoría de los casos, ni siquiera les ha brindando verdadero éxito a *ellos*. Y luego, para empeorar las cosas, comienzas a encontrar a otras personas (quienes evidentemente *no* han seguido esas reglas) y *sí* están logrando el éxito alejándose de la fórmula que has aprendido y aplicado tan diligentemente.

Te descubres entonces cavilando: "¿Qué está ocurriendo? ¿Cómo puede ser que trabaje tan duro y reciba tan poco, mientras otros que trabajan tan poco logran tanto? Tantos gastos incurridos en mi educación no se justifican, no obstante, aquel multimillonario ni siquiera terminó la secundaria. Mi padre trabajó muy duro todos los días de su vida y, sin embargo, nuestra familia tuvo que pedir prestado dinero para pagar su funeral... ¿Por qué mi arduo trabajo no me rinde los frutos esperados como se supone que suceda? ¿Por qué tan pocas personas llegan a ser verdaderamente ricas, mientras la mayoría de nosotros lucha por mantenerse a duras penas? ¿Qué es lo que no estoy viendo? ¿Qué saben esas personas tan prósperas que yo no sé?"

"Hacer lo mejor que puedo" ¿no es suficiente?

Cuando hacen lo mejor que pueden, tratando al máximo de hacer lo que les han dicho que supuestamente atrae el éxito, y éste sigue sin llegar, es fácil sentirse a la defensiva y, eventualmente, enojarse con aquellos que demuestran evidencia del éxito que ustedes desean. Hasta se descubren a veces condenando el éxito ajeno, simplemente porque es demasiado doloroso verlos vivir con algo que tanto los ha eludido a ustedes. Y es por esta razón, como respuesta a esta condición crónica de los aspectos financieros de su cultura, que les ofrecemos este libro.

Cuando están en la posición de condenar abiertamente el éxito financiero que tanto anhelan, no es solamente que jamás les llegará, sino que además, están renunciando a su derecho divino de buena salud y felicidad.

En realidad, muchos de ustedes llegan a la conclusión incorrecta de que las otras personas en su entorno, se han confabulado en una especie de conspiración para evitar que ustedes tengan éxito. Pues creen con todo su corazón, que han hecho todo lo posible para conseguir el éxito, y el hecho de que no haya llegado seguramente quiere decir que se trata de fuerzas hostiles que los están privando de su deseo. Pero queremos asegurarles que no hay nada de eso en la esencia de la ausencia de lo que desean o en la presencia de las cosas que desearían apartar de su vida. Nada ni nadie podrían jamás evitar que ustedes tengan éxito, tampoco pueden hacer que les llegue. Su éxito les pertenece a ustedes. Está bajo su control. Y estamos escribiendo este libro para que de una vez por todas, puedan lograr el control consciente y deliberado de su éxito.

Puedo lograr todo lo que deseo

Es hora de que regresen a la verdadera naturaleza de su Ser y que vivan conscientemente el éxito que la experiencia de su propia vida les ha ayudado a determinar como su deseo. Y así, mientras se relajan ahora mismo deliberadamente, respiran con profundidad y leen con diligencia, comenzarán gradual pero seguros, a recordar cómo llega el éxito pues éste es inherente a ustedes. Por lo tanto, sentirán, sin lugar a dudas, que estas verdades resuenan con ustedes mientras las leen.

Las *Leyes eternas del universo* son consistentes y confiables y siempre mantienen la promesa de expansión y alegría. Les están siendo presentadas aquí en un ritmo poderoso de comprensión que comenzará como algo pequeño en su interior y luego se expandirá con cada página que leen, hasta llegar a volver a despertar en ustedes el conocimiento de su propósito y de su propio poder personal, mientras recuerdan cómo tener acceso al poder del Universo que crea mundos.

Si esta realidad de tiempo y espacio contiene en su interior la habilidad de inspirar un deseo en su interior, es absolutamente cierto que esta realidad de tiempo y espacio contiene la habilidad de producirle manifestaciones plenas y satisfactorias de ese mismo deseo. Es la <u>Ley.</u>

Tener éxito es mi derecho natural de nacimiento

La mayoría de las personas asumen naturalmente que si su vida no está transcurriendo como lo desean, algo fuera de ellos debe estar evitando su progreso, pues nadie alejaría deliberadamente su propio éxito. Pero, aunque declarar a los demás como culpables puede hacerlos sentir mejor que asumir su propia responsabilidad por las condiciones indeseadas, hay una repercusión negativa muy grande en creer que algo fuera de ustedes es la razón de la ausencia del éxito: *cuando le otorgan el crédito o la culpa a los demás por su éxito, o por su ausencia , se vuelven impotentes para realizar cualquier cambio.*

Cuando desean éxito, pero —desde su perspectiva— no lo están experimentando actualmente en muchos niveles de su Ser, reconocen que algo anda mal. Y mientras este fuerte sentimiento de discordia personal incrementa su percepción de que no están obteniendo lo que desean, a menudo se pone en acción otra suposición contraproductiva que evoca envidia hacia aquellos que *sí* están logrando más éxito; resentimiento a una miríada de personas a quienes ustedes les gustaría culpar de su falta de éxito; o incluso se difaman a sí mismos, lo cual es la suposición más dolorosa y contraproductiva de todas. Y les decimos que esta incómoda conmoción no es solamente normal sino que, además, es la respuesta perfecta a su sentimiento de falta de éxito.

Su malestar emocional es un poderoso indicador de que algo anda muy mal. Ustedes fueron creados para tener éxito, y el fracaso *debería* hacerlos sentir mal. Fueron creados para sentirse bien, y la enfermedad *no debería* ser aceptada. Fueron creados para expandirse, y el estancamiento *es* intolerable. Se supone que sus vidas sean maravillosas, y cuando no es así, algo *anda* mal.

Pero lo que anda mal no es que haya ocurrido una injusticia, ni que los dioses de la buena fortuna no se estén enfocando en ustedes, ni que alguien más haya obtenido el éxito que debería ser suyo. Lo que anda mal es que no están en armonía con su propio Ser, con *quienes realmente son,* con lo que la vida les ha causado que pidan, con lo que se han expandido, y con las siempre consistentes *Leyes del Universo. Lo que anda mal no es algo fuera de ustedes sobre lo cual no tienen control. Lo que anda mal está en su interior, y ustedes sí tienen control. Y asumir el control no es difícil una vez que comprenden las bases de quienes son, las bases de la Ley de Atracción y el valor de su propio Sistema de Guía Emocional con el que nacieron, el cual siempre está activo, presente, y es fácil de comprender.*

El dinero no es la raíz del mal ni de la felicidad

Un aspecto importante del *dinero* y del *éxito financiero* es que no son la "raíz de toda la maldad" como muchos han dicho, ni tampoco son el sendero a la felicidad. Sin embargo, debido a que el tema del dinero le concierne a tantos de ustedes de alguna manera, cientos o incluso miles de veces a diario, es un gran factor en su estructura vibratoria y en su punto de atracción personal. Por eso cuando son capaces de controlar exitosamente algo que afecta la mayor parte de su día, habrán logrado algo que es bastante significativo. Es decir, puesto que un gran porcentaje de sus pensamientos en un día dado reside alrededor del tema del dinero y del éxito financiero, tan pronto como son capaces de guiar *deliberadamente* sus pensamientos, no solamente es seguro que su éxito financiero debe mejorar, sino que la evidencia de *ese* éxito los va a preparar para mejorar deliberadamente *todos* los aspectos de su experiencia de vida.

Si estudian la *Creación Deliberada,* si desean crear consciente- mente su propia realidad, si desean controlar sus propias experien- cias de vida, si desean realizar la razón de su ser, entonces com- prender estos temas prevalecientes del *dinero y la Ley de Atracción* les servirá de gran manera.

Soy quien atrae todas mis experiencias

Viniste aquí a llevar una vida expansiva, estimulante y llena de sentimientos maravillosos. Ese era tu plan cuando tomaste la deci- sión de enfocarte en tu cuerpo físico en esta realidad de tiempo y espacio. Esperabas que esta vida física fuera emocionante y gratifi- cante. Es decir, sabías que la variedad y el contraste te estimularían para expandir tus deseos; y también sabías que cualquiera de esos deseos podría ser realizado plena y fácilmente. Sabías, además, que no habría límites en la expansión de nuevos deseos.

Viniste a este cuerpo lleno de emoción respecto a las posibili- dades que esta experiencia de vida podría inspirarte, y a que ese deseo que tenías al comienzo no sería callado en absoluto por la agitación o la duda porque conocías tu poder; y sabías que esta experiencia de vida y todo sus contrastes serían tierra fértil para la expansión maravillosa. *Por encima de todo, sabías que habías venido a esta experiencia de vida con un Sistema de Guía para ayudarte a per- manecer auténtico a tu intención original, así como a tu intención siem- pre mejorada que surgiría de cada experiencia de la vida. En fin, estabas ansioso por vivir esta realidad de tiempo y espacio que casi desafía la descripción física.*

No eras un principiante; a pesar de que comenzaste en un cuerpo físico diminuto, eras un genio creativo poderoso, recién enfocándote en un nuevo ambiente de Pensamiento Avanzado. Sabías que habría un periodo de ajuste mientras redefinías una nueva plataforma desde la cual comenzarías tu proceso de creación deliberada, y no te preocupabas en lo más mínimo por ese periodo de ajuste. De hecho, más bien disfrutarías del nido en que nacerías y de aquellos que te darían la bienvenida en tu nuevo ambiente físico. Y a pesar de que no hablarías todavía el lenguaje de sus palabras, y de que serías percibido por aquellos que te darían la bienvenida, como alguien nuevo, ignorante y necesitado de su guía poseías la estabilidad y el conocimiento que muchos de ellos ya habían dejado atrás.

Naciste sabiendo que eres un Ser poderoso, que eres bueno y que eres el creador de tus experiencias, y que la *Ley de Atracción* es la base de toda la creación aquí en tu nuevo entorno. Recordabas entonces que la *Ley de Atracción* (la esencia de aquello similar es atraído a sí mismo) es la base del Universo, y sabías que te serviría bien. Y así ha sido.

Todavía recordabas que eres el creador de tu propia experiencia. Pero aún más importante, recordaste que lo haces a través de tus *pensamientos y no de tus acciones*. No te sentías incómodo siendo un recién nacido que no ofrecía acciones ni palabras porque recordabas el Bienestar del Universo; recordabas tus intenciones de venir a tu cuerpo físico, y sabías que habría tiempo suficiente para aclimatarte al lenguaje y a los métodos de tu nuevo entorno; y, sobretodo, sabías que aunque no fueras capaz de traducir tu vasto conocimiento de tu entorno No Físico directamente en palabras y descripciones físicas, eso no importaría, porque las cosas más importantes para colocarte en el sendero de la creación dichosa ya estaban enfáticamente puestas en su lugar: sabías que la *Ley de Atracción* estaba presente consistentemente y que tu *Sistema de Guía* estaba activo inmediatamente. Pero, por encima de todo, sabías que a punta de ensayos, y lo que algunos llaman "errores," terminarías por orientarte plena y conscientemente en tu nuevo entorno.

Ya conocía la consistencia de la *Ley de Atracción*

El hecho de que la *Ley de Atracción* permanece constante y estable a lo largo del Universo era un factor muy importante en su confianza cuando decidieron venir a este nuevo ambiente físico, porque sabían que las respuestas de la vida les ayudarían a recordar y a obtener su equilibrio. Recordaban que la base de todo es la *Vibración* y que la *Ley de Atracción* responde a esas vibraciones y, en esencia, las organiza, atrayendo vibraciones similares mientras alejan vibraciones diferentes.

Y por esa razón, no estaban preocupados por no ser capaces de articular de inmediato ese conocimiento, no por no poder explicarlo a aquellos a su alrededor que aparentemente habían olvidado todo lo que sabían al respecto, porque ustedes sabían que la consistencia de esta poderosa *Ley* muy pronto se demostraría a sí misma a través de los ejemplos de sus propias vidas. Sabían que no sería difícil llegar a entender cuáles vibraciones habían estado ofreciendo, porque la *Ley de Atracción* les brindaría evidencia constante de lo que fuera su vibración.

Es decir, cuando se sienten *abrumados* no es posible que aparezcan en su vida las circunstancias y las personas que pueden ayudarlos a salir de ese sentimiento de agobio. Aunque hagan todo lo posible por encontrarlas, no pueden. Y las personas que *aparecen* no los ayudan, más bien, incrementan sus sentimientos de agobio.

Cuando se sienten *maltratados,* la justicia no los encuentra. Su percepción de maltrato, y la subsecuente Vibración que ofrecen debido a su percepción, evita que todo aquello que ustedes consideran justo, llegue a sus vidas.

Cuando están sepultados por la *desilusión* o el *temor* de no tener los recursos financieros que creen que necesitan, el dinero —o las oportunidades de atraer dinero— continúan eludiéndolos... no porque sean malos o indignos, sino porque la *Ley de Atracción* les corresponde con cosas similares, no con cosas *diferentes.*

Cuando se sienten *pobres,* solamente pueden llegarles a sus vidas cosas que los hacen sentir la *pobreza.* Cuando se sienten *prósperos,* solamente pueden llegarles a sus vidas cosas que los hacen sentir la *prosperidad.* Esta *Ley* es consistente; y si prestan atención, les enseñará cómo funciona a través de sus experiencias de vida. *Cuando recuerden que obtienen la esencia de lo que piensan, y luego adviertan lo que están obteniendo, poseerán las claves para la Creación Deliberada.*

¿A qué nos referimos por *Vibración?*

Cuando hablamos de *Vibración,* en realidad estamos llamando su atención a las bases de su experiencia, porque todo en verdad tiene bases *vibratorias.* Podríamos también usar la palabra *Energía,* y hay muchos otros sinónimos en su vocabulario que se ajustarían de forma apropiada.

La mayoría de ustedes comprende las características vibratorias del sonido. Algunas veces, cuando las notas bajas y profundas de sus instrumentos de música suenan muy alto, ustedes pueden *sentir* la naturaleza vibratoria del sonido.

Deseamos que entiendan que cada vez que "escuchan" algo, están interpretando la Vibración del sonido que están escuchando. Lo que escuchan es *su* interpretación de la Vibración; lo que escuchan es su interpretación *personal* de la Vibración. Cada uno de sus cinco sentidos, vista, oído, gusto, olfato y tacto, existe debido a que todo en el Universo está vibrando y sus cinco sentidos están leyendo las vibraciones y dándole una percepción sensorial a las vibraciones.

Entonces cuando llegan a entender que viven en un Universo vibratorio y pulsante de tonos avanzados, y que el puro núcleo de su Ser está vibrando en lo que solamente puede describirse como perfección en equilibrio y armonía vibratorios, comienzan a entender la *Vibración* en la forma en que la estamos proyectando.

Todo lo que existe, en su aire, en su polvo, en su agua y en sus cuerpos, es Vibración en movimiento, y todo es administrado por la poderosa Ley de Atracción.

No podrían categorizarlo aunque lo desearan. Y no hay necesidad de hacerlo porque la *Ley de Atracción* está catalogando, atrayendo continuamente las cosas con vibraciones similares mientras repele las cosas de distinta naturaleza vibratoria.

Sus emociones, que son en realidad los más importantes y poderosos de sus seis intérpretes físicos vibratorios, les ofrecen retroalimentación constante respecto a los tonos de sus pensamientos (vibraciones) actuales, mientras se comparan con los tonos de su estado vibratorio fundamental.

El mundo No Físico es Vibración.

El mundo físico que ustedes conocen es Vibración.

Nada existe fuera de esta naturaleza vibratoria.

No hay nada que no sea administrado por la *Ley de Atracción*.

Su comprensión de la Vibración los ayudará a conectar conscientemente ambos mundos.

No tienen que comprender el complejo nervio óptico o su corteza visual primaria para que puedan ver. No tienen que comprender la electricidad para encender la luz, y no tienen que comprender las vibraciones para sentir la diferencia entre la armonía y la discordia.

Cuando aprendan a aceptar su naturaleza vibratoria, y comiencen a usar conscientemente sus indicadores vibratorios emocionales, obtendrán el control consciente de sus creaciones personales y de los resultados de sus experiencias de vida.

Cuando me siento abundante, la abundancia me encuentra

Cuando realizan la correlación consciente entre lo que han estado sintiendo y lo que se está manifestando en su experiencia de vida, están empoderados para realizar cambios. Si no están realizando esta correlación, y siguen ofreciendo pensamientos de carencia de las cosas que desean, éstas seguirán eludiéndolos.

A menudo las personas, en su ignorancia, comienzan a asignarle poder a circunstancias externas a ellos con el fin de explicar por qué no están prosperando como les gustaría. Dicen cosas como: "No estoy prosperando porque nací en el entorno equivocado. No estoy prosperando porque mis padres no prosperaron y no pudieron enseñarme a hacerlo. No estoy prosperando porque esas personas de allá están prosperando y se están llevando los recursos que deberían ser míos. No estoy prosperando porque me engañaron, porque soy indigno, porque llevé una vida equivocada en una vida pasada, porque mi gobierno ignora mis derechos, porque mi esposo no ayuda... porque, porque, porque."

Y deseamos recordarles que su "falta de prosperidad" es debida únicamente a que están ofreciendo una Vibración distinta a la

Vibración de la prosperidad. *No pueden sentirse pobres (y vibrar en la pobreza) y prosperar. La abundancia no puede encontrarlos a menos que ustedes ofrezcan vibraciones de abundancia.*

Muchos preguntan: "Pero si no estoy prosperando, ¿cómo voy a hacer para ofrecer la Vibración de prosperidad? ¿No tengo que prosperar primero y luego ofrecer la Vibración de prosperidad?" Estamos de acuerdo en que ciertamente es más fácil mantener una condición de prosperidad cuando ya forma parte de su experiencia, porque entonces lo único que tienen que hacer es advertir todo lo bueno que les llega y al observarlo les seguirá llegando. Sin embargo, si se encuentran ante la ausencia de algo que desean, primero deben encontrar la manera de sentir su esencia, incluso antes de que llegue, o no llegará.

No pueden permitir que su oferta vibratoria llegue solamente como respuesta a *lo que es* y luego llegar a cambiar *lo que es*. Deben primero encontrar la manera de *sentir* la emoción o la satisfacción de los sueños que no se han cumplido en la actualidad antes de que esos sueños se hagan realidad. Encuentren la manera de imaginar deliberadamente un escenario con el propósito de ofrecer una Vibración y con el propósito de que la *Ley de Atracción* corresponda su Vibración con una manifestación de la vida real... *Cuando piden la manifestación antes de la Vibración, están pidiendo lo imposible. Cuando están dispuestos a ofrecer la Vibración antes de la manifestación, todas las cosas son posibles. Es la <u>Ley.</u>*

En vez de hacerlo de forma inconsciente, vivan la vida deliberadamente

Les estamos ofreciendo este libro para recordarles las cosas que ya saben en algún nivel, para que puedan reactivar en su interior ese conocimiento vibratorio. No es posible que lean estas palabras, las cuales representan el conocimiento que obtuvieron desde su Perspectiva más Amplia, sin que comience a salir a la superficie su reconocimiento de este conocimiento.

Este es realmente el tiempo de despertar; el momento de recordar su poder personal y su razón de ser. Así es que respiren profundo, hagan un esfuerzo por ponerse cómodos, y lean lentamente el contenido de este libro para restaurar su esencia vibratoria original...

Aquí están entonces, en un estado maravilloso del ser —ya no son bebés bajo el control ajeno, de alguna forma ya están aclimatados a su entorno físico— y ahora, al leer este libro, están regresando al reconocimiento del pleno poder de su Ser... ya no están siendo zarandeados por la *Ley de Atracción* como un pequeño corcho en un mar embravecido, sino que finalmente están recordando y obteniendo el control de su propio destino, guiando final y *deliberadamente* su vida en el contexto de la poderosa *Ley de Atracción*, en vez de responder con una actitud inconsciente y asumir la vida como llega. *Para hacer esto, deben contar una historia diferente. Tienen que comenzar por contar la historia de su vida como* desean *que sea ahora y dejar de contar los cuentos de cómo* ha sido *o de cómo* es.

Cuenten la historia que desean experimentar

Para vivir de forma deliberada, deben pensar de forma deliberada; y para hacer esto, deben tener un punto de referencia que determine la dirección correcta de sus pensamientos. Ahora mismo, así como en el momento de su nacimiento, ya están en su lugar los dos factores necesarios. La *Ley de Atracción* (la *Ley* más poderosa y consistente del Universo) abunda por doquiera. Y su *Sistema de Guía* está siempre con ustedes, todo alineado y listo para ofrecerles las señales. *Solamente tienen que hacer algo en apariencia trivial pero que potencialmente puede cambiar sus vidas: Tienen que comenzar a contar su historia de una nueva manera. Tienen que contarla como desean que sea.*

Cuando cuentan la historia de su vida (y lo hacen usando sus palabras, pensamientos y acciones, casi todo el día, todos los días), deben sentirse bien mientras la cuentan. *En cada momento, en cada tema, pueden enfocarse positiva o negativamente, pues en cada partícula del Universo, en todo momento del tiempo y más allá de él, yace lo deseado y la carencia de eso, pulsando para que ustedes escojan. Y* cuando se revelan ante ustedes estas constantes selecciones, tienen la opción de enfocarse en lo que desean o en la carencia de eso, en todos los temas, porque cada tema es en realidad dos temas: lo que desean o la ausencia de lo que desean. Pueden saber, según se sienten, en cual selección se están enfocando, y pueden cambiar la opción constantemente.

Cada tema es en verdad dos temas

Los siguientes son algunos ejemplos para ayudarlos a ver que cada tema es en realidad dos temas:

Abundancia y pobreza (ausencia de abundancia)
Salud y enfermedad (ausencia de salud)
Felicidad y tristeza (ausencia de felicidad)
Claridad y confusión (ausencia de claridad)
Energía y cansancio (ausencia de energía)
Conocimiento y duda (ausencia de conocimiento)
Interés y aburrimiento (ausencia de Interés)
Puedo hacerlo y No puedo hacerlo
Deseo comprar eso y No puedo comprar eso
Deseo sentirme bien y No me siento bien
Deseo más dinero y No tengo suficiente dinero
Deseo más dinero y No sé cómo ganar más dinero
Deseo más dinero y Esa persona gana más de lo que debería
Deseo estar delgada y Estoy gorda
Deseo un nuevo auto y Mi auto está viejo
Deseo un enamorado y No tengo un enamorado

Al leer esta lista, es obvio para ustedes lo que nosotros consideramos como la mejor opción, pero hay una cosa muy sencilla e importante que pueden estar olvidando. Existe la tendencia, al leer una lista como la anterior, a sentir la necesidad de declarar la verdad de los hechos sobre el tema ("de contarlo tal como son las cosas") en lugar de expresar su deseo. Esta sola tendencia es más responsable de las malformaciones y del bloqueo personal de las cosas que desean, que todo lo demás junto, por eso, los ejemplos y los ejercicios ofrecidos en este libro les ayudarán a orientarse de nuevo hacia lo *deseado,* no para explicar lo que *es. Deben comenzar a contar una historia diferente si desean que la* <u>*Ley de Atracción*</u> *atraiga cosas distintas hacia ustedes.*

¿Cuál es la historia que estoy contando ahora?

Una forma muy efectiva de comenzar a contar esta nueva historia es escuchar las cosas que dicen ahora a lo largo del día, y cuando se atrapen en medio de una declaración contraria a lo que desean, detenerse y decir: "Bien, sé con claridad qué es lo que *no* quiero. ¿Qué es lo que *sí* quiero?" Luego declaren su deseo de forma deliberada y enfática.

Detesto este auto feo, viejo y destartalado.
Deseo un auto hermoso, nuevo y confiable.

Estoy gorda.
Deseo estar delgada.

Mi jefe no me aprecia.
Deseo que mi jefe me aprecie.

Muchos podrían protestar, reclamando que cambiar algunas palabras en una oración no va a hacer que aparezca en su cochera un nuevo y reluciente auto, ni va a cambiar su cuerpo obeso por uno más delgado, ni va a hacer que su jefe de repente cambie de personalidad y comience a tratarlos bien, pero podrían estar equivocados. Cuando se enfocan deliberadamente en cualquier tema deseado, proclamando a menudo cómo *desean* que sea, con el tiempo, comenzarán a experimentar un giro real en la manera en que perciben ese tema, lo cual indica un giro en la Vibración.

Cuando cambia su vibración, cambia su punto de atracción, y por la poderosa Ley de Atracción, *también debe cambiar la evidencia o el indicador de la manifestación. No pueden hablar consistentemente de las cosas que desean experimentar en su vida sin que el Universo les entregue la esencia de esas cosas.*

El *Proceso de dar un giro* puede orientar de nuevo mi vida

El *Proceso de dar un giro* se trata de reconocer conscientemente que todo tema es en realidad dos temas, y luego hablar o pensar deliberadamente respecto al aspecto *deseado* del tema. *Dar un giro* los ayudará a activar en su interior los aspectos que desean respecto a todos los temas; y una vez que logren hacerlo, la esencia de todas las cosas que desean, respecto a todos los temas, debe aparecer en su experiencia.

Debemos ofrecer una aclaración muy importante ahora: si están usando palabras que digan algo que desean pero al mismo tiempo están sintiendo *dudas* respecto a éstas; sus *palabras* no les brindarán lo que desean, porque lo que *sienten* es el verdadero indicador de la dirección creativa de su pensamiento y de su vibración. *La* Ley de Atracción *no responde a sus palabras, sino a la vibración que emana de ustedes.*

Sin embargo, puesto que no pueden hablar simultáneamente de lo que *desean* y de lo que *no* desean, cuanto más hablen de lo que *desean*, con menos frecuencia hablarán de lo que *no* desean. Y si se dedican de verdad a expresar lo que desean en vez de lo que está pasando, con el tiempo (por lo general en un corto periodo), cambiará el equilibrio de su vibración. Si lo dicen con frecuencia, llegarán a sentir cómo se expresan.

Pero hay algo todavía más significativamente poderoso en este *Proceso de dar un giro: cuando la vida parece que los orienta negativamente hacia la carencia de algo que desean, y cuando declaran "yo sé lo que no deseo; ¿qué es lo que deseo?" la respuesta a esta pregunta emana de su interior, y en ese preciso momento, ocurre el comienzo de un giro vibratorio.* Dar un giro *es una herramienta poderosa que mejorará instantáneamente sus vidas.*

Soy el creador de mi experiencia de vida

Ustedes son los creadores de sus propias experiencias de vida, y como tales, es importante comprender que no es en virtud de sus acciones, no es en virtud de lo que hacen, ni siquiera en virtud de lo que dicen, que están creando. Están creando en virtud del pensamiento que están ofreciendo.

No pueden hablar ni actuar sin que el pensamiento y la vibración ocurran al mismo tiempo; sin embargo, a menudo ofrecen un pensamiento y una vibración sin hablar ni actuar. Los niños o los bebés aprenden a imitar la vibración de los adultos que los rodean mucho antes de aprender a copiar sus palabras.

Cada pensamiento que ofrecen tiene su propia frecuencia vibratoria, ya sea que se haya originado en su memoria, ya sea una influencia ajena, o ya sea un pensamiento que se ha convertido en una combinación de algo que *ustedes* han estado pensando, y algo que *otros* han estado pensando; cada pensamiento que están considerando en su *ahora* está vibrando en una frecuencia muy personal... Y, por la poderosa *Ley de Atracción* (la esencia de todo lo similar se atrae), ese pensamiento está atrayendo otro pensamiento que es su Correspondiente Vibratorio. En este momento, esos pensamientos combinados están vibrando en una frecuencia que es más elevada que el pensamiento que llegó con anterioridad. Entonces, por la *Ley de Atracción*, atrae otro y otro y otro, hasta que eventualmente los pensamientos serán lo suficientemente poderosos para atraer situaciones o manifestaciones en la "vida real".

Todas las personas, circunstancias, eventos y situaciones, son atraídos hacia ustedes por el poder de los pensamientos que están teniendo. Una vez que comprenden que están literalmente convirtiendo sus pensamientos o vibraciones en realidades, pueden descubrir una nueva determinación en su interior para dirigir sus pensamientos de forma más deliberada.

Se siente bien tener pensamientos alineados

Muchas personas creen que su calidad del Ser es mucho más que su realidad física: la persona de carne, sangre y huesos que ellos conocen. Mientras lidian con formas para etiquetar esa parte mayor de su ser, usan palabras tales como *Alma, Fuente* o *Dios.* Nos referimos a esa parte de ustedes que es mayor, más antigua y más sabia, como su *Ser Interior,* pero la etiqueta que ustedes seleccionen para describir la parte Eterna de ustedes no es importante. Lo que es extremadamente significativo es que comprendan que el *Ser* mayor que son ustedes, existe eternamente y representa un papel muy grande en la experiencia que están viviendo aquí en el planeta Tierra.

Cada pensamiento, palabra u obra que están ofreciendo desempeña una función desde la visión de esa Perspectiva más Amplia. De hecho, la razón por la que en cualquier momento que saben claramente lo que *no* desean, y luego comprenden enfáticamente lo que *desean,* es porque esa parte mayor de ustedes le está ofreciendo atención absoluta a lo que ustedes *desean.*

Cuando cada día hacen un esfuerzo consciente para guiar más sus pensamientos en la dirección de lo que *desean,* comenzarán a sentirse cada vez mejor, porque la vibración que se activa como consecuencia de esos pensamientos que los hacen sentir mejor, corresponderá mucho más a la vibración de esa parte No Física mayor de ustedes. Su deseo de tener pensamientos que los hacen sentir bien los guiará en alineación con la Perspectiva más Amplia de su *Ser Interior.* De hecho, no es posible que se sientan bien en ningún momento a menos que los pensamientos que tengan ahora, sean un Correspondiente Vibratorio con los pensamientos de su *Ser Interior.*

Por ejemplo, su *Ser Interior* se enfoca en su valor cuando identifican un defecto personal, la emoción negativa que sienten se relaciona con esa discordancia o resistencia vibratoria. Su *Ser Interior* escoge enfocarse solamente en las cosas hacia las que siente amor, cuando se enfocan en algún aspecto de alguien o algo que aborrecen, se han enfocado en algo que los aleja de la alineación vibratoria con su *Ser Interior*. Su *Ser Interior* se enfoca solamente en su éxito, cuando escogen ver algo que están haciendo como un fracaso, se alejan de la alineación con la perspectiva de su *Ser Interior*.

Ver mi mundo a través de los ojos de la Fuente

Al optar por pensamientos que los hacen sentir mejor y hablar más de lo que *desean,* y menos de lo que *no* desean, se sintonizan suavemente con la frecuencia vibratoria de su *Ser Interior* más amplio y sabio. Estar en alineación vibratoria con esa Perspectiva más Amplia, mientras viven su propia experiencia de vida física, es en verdad lo mejor de los dos mundos, porque mientras logran la alineación vibratoria con esa Perspectiva más Amplia, ven su mundo desde esa Perspectiva más Amplia. *Ver el mundo a través de los ojos de la Fuente, es verdaderamente la visión de vida más espectacular porque desde ese punto de vista vibratorio, están en alineación solamente con lo que consideran lo mejor de su mundo, y por lo tanto están en el proceso de atraerlo.*

Esther, la mujer que traduce la vibración de Abraham en palabras habladas o escritas, lo hace relajándose y permitiendo deliberadamente que la vibración de su propio Ser se eleve hasta armonizarse con la vibración No Física de Abraham. Lleva haciéndolo por muchos años y se ha convertido en algo natural para ella. Hace mucho que entendió la ventaja de alinear su vibración para poder traducir efectivamente nuestros conocimientos a otros amigos físicos, pero ella no había comprendido realmente otro beneficio maravilloso de esa alineación hasta una hermosa mañana de primavera cuando caminaba hacia la entrada de su cochera para abrirle la puerta a su pareja, quien eventualmente entró con el auto a la casa.

Mientras estaba ahí de pie esperando, contempló el cielo, y descubrió que era más hermoso de lo que jamás había visto antes: sus colores eran más intensos, y el contraste del cielo azul con el blanco notable de las nubes le pareció fascinante. Podía escuchar los dulces cantos de los pájaros lejos de su alcance visual, pero su hermoso sonido la estremeció de emoción. Sonaban como si estuvieran justo sobre su cabeza o reposados sobre sus hombros. Y luego percibió las diferentes y deliciosas fragancias de las plantas, las flores y la tierra, llevadas por el viento y envolviéndola en su aroma. Se sintió viva y feliz y llena de amor hacia su hermoso mundo. Y exclamó en voz alta: "¡No puede haber existido, en todo el Universo, un momento más hermoso en el tiempo que éste, aquí mismo, ahora mismo!"

Y luego dijo: "Abraham, eres *tú*, ¿verdad?" Y a través de sus labios, le dedicamos una amplia sonrisa, porque ella pudo captarnos viendo a través de sus ojos, escuchando a través de sus oídos, oliendo a través de su nariz, sintiendo a través de su piel.

"Así es," dijimos, "estamos disfrutando de las delicias de tu mundo físico a través de tu cuerpo físico."

Esos momentos en su vida en que se sienten totalmente exaltados, son momentos de alineación plena con la Fuente en su interior. Esos momentos cuando sienten una atracción poderosa hacia una idea, o una acción intensa, también son momentos de alineación plena. De hecho, cuanto mejor se sienten, más alineados están con su Fuente, con *quienes en verdad son.*

Esta alineación con su Perspectiva más Amplia no solamente les permite lograr más rápidamente las grandes cosas que desean en la vida, como relaciones maravillosas, profesiones satisfactorias, y los recursos para hacer las cosas que realmente desean hacer, sino que esta alineación consciente mejora cada momento de su día. *Cuando se sintonizan con la perspectiva de su <u>Ser Interior</u>, sus días se llenan de momentos maravillosos de claridad, satisfacción y amor. Y en verdad así se supone que lleven su vida mientras están aquí en este lugar maravilloso, en esta época maravillosa y en este cuerpo maravilloso.*

Puedo decidir deliberadamente sentirme bien

La razón por la cual Esther pudo permitir que esa perspectiva más plena de Abraham fluyera a través de ella, ofreciéndole una experiencia tan deliciosa, fue porque ella había comenzado ese día buscando razones para sentirse bien. Había buscado la primera cosa para sentirse bien mientras todavía estaba en su cama, y ese pensamiento de sentirse bien atrajo otro y otro y otro y otro y otro, hasta que cuando llegó a la puerta (lo cual ocurrió unas dos horas después), en virtud de su selección *deliberada* de pensamientos, había elevado su frecuencia vibratoria a un nivel que estaba tan cercano a la vibración de su *Ser Interior,* que su *Ser Interior* fue capaz de relacionarse fácilmente con ella.

Sus pensamientos actuales no solamente están atrayendo otro y otro y el siguiente, sino que, además, proveen las bases para su alineación con su Ser Interior. Mientras más piensan y hablan consistente y deliberadamente de lo que desean, y menos de lo que no desean, más se encuentran con mayor frecuencia en alineación con la esencia pura y positiva de su propia Fuente; y en esas condiciones, su vida será extremadamente placentera.

¿Pueden las emociones negativas causar enfermedades?

La experiencia de Esther en la puerta de su casa mejoró dramáticamente al estar en alineación vibratoria con su Fuente, y por lo tanto con el Bienestar absoluto. Pero también es posible que experimenten lo opuesto a esa experiencia si están *fuera* de alineación con la Fuente y el Bienestar. Es decir, las enfermedades o dolencias, o la ausencia de Bienestar, ocurren cuando rechazan vibratoriamente su alineación con el Bienestar.

Cuando experimentan *emociones negativas* (miedo, dudas, frustración, soledad y demás), ese sentimiento de emoción negativa es el resultado de tener un pensamiento que no vibra a la frecuencia que estaba en armonía con su *Ser Interior.* A través de todas las experiencias de su vida, físicas y No Físicas, su *Ser Interior* o su *Ser Total* ha evolucionado al lugar del *entendimiento.* Entonces, cuando se enfocan conscientemente en un pensamiento que no está en armonía con lo que su *Ser Interior* ha llegado a entender, el sentimiento resultante en su interior será una emoción negativa.

Si se sientan sobre sus pies y cortan el flujo de la circulación de la sangre, o si se colocan un torniquete en el cuello y restringen el flujo de oxígeno, sienten de inmediato la evidencia de la restricción. De igual manera, cuando tienen pensamientos que están fuera de armonía con los pensamientos de su *Ser Interior,* el flujo de la *Fuerza Vital* o *Energía* que llega a su cuerpo físico, es reprimido o restringido, y el resultado de dicha restricción es que sienten una emoción negativa. *Cuando permiten que esa emoción negativa continúe durante un largo periodo de tiempo, a menudo experimentan el deterioro de su cuerpo físico.*

Recuerden, cada tema es en verdad dos temas: *lo deseado* o *la carencia de lo deseado.* Es como recoger una vara con dos extremos: uno representa lo que *sí* desean y el otro lo que *no* desean. La vara llamada "Bienestar Físico" tiene la "buena salud" en un extremo y la "enfermedad" en el otro. Sin embargo, las personas no experimentan las "enfermedades" solamente por mirar el extremo negativo de la vara del "Bienestar Físico", sino porque han estado observando el extremo que dice: "Sé lo que *no* deseo" en muchas, *muchas* varas.

Cuando *su* atención crónica está fija en lo que *no* desean, mientras que la atención crónica de su *Ser Interior* está en las cosas que *desean,* con el tiempo originan una separación vibratoria entre ustedes y su *Ser Interior,* y precisamente una enfermedad es una separación (causada por su selección de pensamientos) entre *ustedes* y su *Ser Interior.*

Dar un giro de sentirme mal a sentirme bien

Todo el mundo desea sentirse bien, pero la mayoría de las personas creen que todo el mundo a su alrededor debe complacerlos *antes* de que puedan sentirse bien. De hecho, la mayoría de las personas se sienten como se sienten en un momento dado del tiempo, debido a algo que están observando. Si eso que observan los complace, se sienten bien, pero si eso que observan no los complace, se sienten mal. La mayoría de la gente se siente bastante impotente respecto a sentirse bien consistentemente porque creen que para sentirse bien, las condiciones a su alrededor deben cambiar, pero también creen que no tienen el poder de cambiar muchas de las condiciones.

Sin embargo, una vez que comprenden que cada tema es en verdad dos temas, lo que desean y la ausencia, pueden aprender a ver más de los aspectos positivos de lo que sea a lo que le estén prestando su atención. *En verdad, de eso es de lo que trata el Proceso de dar un giro: buscar deliberadamente una forma más positiva, una forma que los haga sentir mejor, de enfocarse en cualquier cosa a la cual le estén prestando su atención.*

Cuando se enfrentan a condiciones indeseadas y, por consiguiente, se sienten mal, si dicen deliberadamente: "Ya sé lo que *no* deseo... ¿qué es lo que *deseo?*" la vibración de su Ser, la cual es afectada por su punto de enfoque, gira ligeramente, causando que su punto de atracción también gire. Así es que comienzan a contar una historia diferente de su vida. En vez de decir: "Nunca he tenido suficiente dinero," dicen: "Espero con ansia tener más dinero." Esa es una historia muy diferente, una vibración muy diferente y un sentimiento muy diferente, que con el tiempo, les traerá un resultado también diferente.

Mientras siguen preguntándose, desde su perspectiva siempre cambiante: "¿Qué es lo que deseo?" eventualmente seguirán en un lugar muy placentero, porque no pueden preguntarse continuamente qué es lo que desean sin que su punto de atracción comience a girar hacia esa dirección... El proceso será gradual, pero su aplicación continua del proceso les dará maravillosos resultados en sólo unos cuantos días.

¿Estoy en armonía con mi deseo?

El *Proceso de dar un giro* es simple: cada vez que reconocen que están sintiendo una emoción negativa (en realidad están sintiendo la falta de armonía con algo que desean), lo obvio es detenerse y decir: *Estoy sintiendo una emoción negativa, que significa que no estoy en armonía con algo que deseo. ¿Qué es lo que deseo?*

En cualquier momento que sienten una emoción negativa, están en buena posición para identificar lo que desean en ese momento: porque nunca está más claro lo que *desean* que cuando están experimentando lo que *no desean*. Entonces, deténganse en ese momento y digan: *Aquí hay algo importante; si no fuera así, no sentiría esta emoción negativa. ¿Qué es lo que deseo?* Y luego sencillamente cambien su atención hacia lo que desean... *En el momento en que cambian su atención hacia lo que desean, la atracción negativa se detiene; y en el momento en que la atracción negativa se detiene, la atracción positiva comienza. Y, en ese momento, sus sentimientos cambian de no sentirse bien a sentirse bien. Esto es el* Proceso de dar un giro.

¿Qué deseo? y ¿Por qué?

Quizá la mayor resistencia de las personas para comenzar a contar una historia distinta de sus vidas es su creencia de que siempre deben decir "la verdad" respecto a dónde están o a que deberían "decir las cosas como son." Pero cuando comprenden que la *Ley de Atracción* les está respondiendo mientras cuentan su historia de "cómo son las cosas" —perpetuando por lo tanto la historia que están contando— puede ser que decidan que en verdad lo que les conviene es contar una historia distinta, una historia que concuerde mucho más con lo que les gustaría vivir *ahora*. Cuando reconocen lo que *no desean*, y luego se preguntan: "¿Qué es lo que deseo?" comienzan a girar gradualmente hacia contar una nueva historia y a un punto de atracción mucho mejor.

Siempre es útil recordar que obtienen la esencia de lo que piensan, —ya sea que lo quieran o no— porque la Ley de Atracción *es infaliblemente consistente. Por lo tanto, nunca están solamente contando la historia de "cómo están las cosas ahora." También están contando la historia de las experiencias futuras que están creando ahora mismo.*

Algunas veces las personas no comprenden bien el *Proceso de dar un giro*, y asumen incorrectamente que *girar* significa observar algo *indeseado* y tratar de convencerse de que eso es lo que *desean*. Piensan que les estamos pidiendo que observen algo que consideran claramente *malo* y decidan que es *bueno,* o que es como una forma de engañarse aceptando cosas indeseadas. Pero ustedes nunca pueden en verdad *engañarse* hasta sentirse mejor respecto a algo, porque lo que sienten es lo que sienten, y lo que sienten es siempre el resultado del pensamiento que han escogido.

En verdad es maravilloso que a través del proceso de la vida y de advertir las cosas que los rodean que *no desean,* son capaces de llegar a claras conclusiones sobre lo que *desean.* Y cuando están atentos a lo que sienten, pueden fácilmente aplicar el *Proceso de dar un giro* dirigiendo su atención más hacia los aspectos *deseados,* y menos hacia los aspectos *indeseados* de la vida. Y luego, mientras la *Ley de Atracción* responde a sus pensamientos progresivamente mejores, pensamientos de Bienestar, comenzarán a advertir que su propia experiencia de vida se transforma para concordar con más de esos aspectos *deseados,* mientras que los aspectos *indeseados* se desvanecen gradualmente de su experiencia.

Cuando aplican deliberadamente el Proceso de dar un giro, que significa escoger deliberadamente sus propios pensamientos, que están escogiendo deliberadamente su propio punto vibratorio de atracción, también son capaces de escoger deliberadamente la forma en que su vida se desarrolla. Dar un giro es el proceso de enfocar deliberadamente su atención con la intención de dirigir sus propias experiencias de vida.

Puedo sentirme mejor ahora mismo

Las personas se quejan a menudo de que sería mucho más fácil para ellos enfocarse en algo positivo si ya estuviera ocurriendo en sus experiencias de vida. Reconocen acertadamente que es mucho más fácil sentirse bien respecto a algo, cuando algo bueno está ocurriendo. Ciertamente, no estamos en desacuerdo en que es mucho más fácil sentirse bien mientras advierten cosas que creen que son buenas. Pero si creen que solamente tienen la habilidad de enfocarse en lo que *está* ocurriendo, y si lo que *está* ocurriendo no es agradable, entonces pueden quedarse esperando toda la vida, porque su atención a las cosas *indeseadas* está evitando que les lleguen las cosas *deseadas.*

No tienen que esperar que algo bueno ocurra para sentirse bien, porque tienen la habilidad de dirigir sus pensamientos hacia cosas mejores sin importar la situación presente en su experiencia. Y cuando les importa lo que sienten, y están dispuestos a dar un giro y colocar su atención en pensamientos que los hagan sentir mejor, comenzarán rápidamente la transformación positiva y deliberada de su vida.

Las cosas que les están llegando a su experiencia, vienen como respuesta a su vibración. Su vibración es ofrecida según los pensamientos que tienen, y pueden darse cuenta de los pensamientos que tienen según como se sienten. Busquen pensamientos que los hagan sentir bien, y luego se manifestará aquello que los hace sentir bien.

Muchas personas dicen: "Sería mucho más fácil estar feliz si estuviera en un lugar distinto, si mi relación fuera mejor, si fuera más fácil llevarme con mi pareja, si no sufriera tanto físicamente, si mi cuerpo fuera distinto, si mi trabajo fuera más satisfactorio, si tan solo tuviera más dinero... Si las condiciones de mi vida fueran mejores, me sentiría mejor, y entonces sería más fácil tener pensamientos más positivos."

Es obvio que ver cosas agradables los hace sentir mejor, y es más fácil sentirse bien cuando están frente a algo agradable, es evidente para ustedes, pero no pueden pedirle a los demás que les organicen solamente cosas agradables. Esperar que los demás les ofrezcan el ambiente perfecto no es una buena idea, por muchas razones: (1) No es responsabilidad de los demás prepararles un nido acogedor; (2) no es posible que ellos controlen las condiciones que ustedes han creado a su alrededor; y (3) lo más importante de todo, le estarían entregando a los demás su poder para crear la experiencia que es solamente de ustedes.

Tomen la decisión de buscar los aspectos que los hacen sentir mejor respecto a todo lo que le presten atención, y de algún modo, busquen prestarle atención solamente a cosas que los hacen sentir bien, y así su vida se convertirá en aspectos que los hacen sentir cada vez mejor.

La atención a lo indeseado atrae más de lo indeseado

Por cada cosa agradable, hay un opuesto desagradable, pues en el interior de toda partícula del Universo, yace lo deseado así como la carencia de lo deseado. Entonces, cuando se enfocan en un aspecto indeseado de algo en el esfuerzo de alejarlo de ustedes, ocurre lo contrario, se acerca más, porque obtienen aquello a lo que le prestan atención, ya sea algo que deseen o que no deseen.

Ustedes viven en un Universo que está basado en la "inclusión." Es decir, no existe la "exclusión" en este Universo. Cuando ven algo que desean y le dicen sí a eso, equivale a decir: "Sí, *ven a mí* esto que deseo, por favor." Cuando ven algo que no desean y le gritan que no lo quieren, equivale a decir: "*Ven a mí*, esto que no deseo."

En el marco de todo lo que los rodea, se encuentra *lo deseado* y *lo indeseado*, depende de ustedes enfocarse en lo deseado. Observen su entorno como un bufé con muchas opciones, y escojan deliberadamente lo que piensan. Si escogen muchas cosas que los hacen sentir bien, cuando hacen el esfuerzo de contar una historia distinta de su vida y de las personas y de las experiencias que viven, verán que su vida comienza a transformarse para corresponder con la esencia de los detalles de esa nueva y mejor historia que ahora están contando.

¿Estoy enfocado en lo deseado o en lo indeseado?

Algunas veces creen que están enfocados en lo que desean cuando la verdad es exactamente lo opuesto. Solamente porque sus palabras suenen positivas, o porque sonríen cuando las dicen, no quiere decir que estén vibrando del lado positivo de la vara. Solamente cuando están conscientes de lo que *sienten* mientras ofrecen sus palabras, es cuando pueden estar seguros de que, de hecho, están ofreciendo una vibración respecto a lo *que* desean, en vez de lo que *no* desean.

El enfoque en la solución y no en el problema

En medio de lo que el meteorólogo en la televisión describía como "una seria sequía," nuestra amiga Esther iba caminando por uno de los senderos de su propiedad en Texas Hill Country, advirtiendo la sequedad de la hierba y sintiendo mucha preocupación por el Bienestar de los bellos árboles y arbustos que comenzaban a mostrar señales de estrés ante la falta de lluvia. Advirtió que la pileta de los pájaros estaba vacía a pesar de que ella la había llenado con agua apenas unas pocas horas antes, y luego pensó en el sediento venado que probablemente había saltado la valla para tomar el poco de agua que la pileta contenía. Y así iba pensando en lo funesto de la situación, cuando se detuvo, miró hacia el cielo, y en una voz muy positiva, con palabras que sonaban muy positivas, dijo: "Abraham, deseo un poco de lluvia."

Y le respondimos de inmediato: "¿De verdad crees que desde esa posición de carencia, vas a recibir algo de lluvia?"

"¿Qué estoy haciendo mal?" respondió.

Le preguntamos: "*¿Por qué* deseas la lluvia?"

Esther respondió: "La quiero para que refresque la tierra. La quiero porque le proporciona agua a todas las criaturas en los arbustos, para que puedan tener suficiente para beber. La quiero porque hace que la hierba reverdezca, y porque se siente bien en mi piel, y nos hace sentirnos mejor a todos."

Y dijimos: "Ahora estás atrayendo la lluvia."

Nuestra pregunta "*¿Por qué* deseas la lluvia?" ayudó a Esther a alejar su atención del *problema* y a girar su atención hacia la *solución.* Cuando consideran *por qué* desean algo, por lo general su vibración cambia o *gira* hacia la dirección de su deseo. Cuando consideran *cómo* ocurrirá, o *cuándo,* o *quién* la atraerá, su vibración por lo general gira de regreso hacia el problema.

Verán, en el proceso de atraer su atención hacia lo que estaba mal —preguntándole *por qué* deseaba la lluvia— ella logró dar un giro. Comenzó a pensar no solamente en lo *que* deseaba, sino en *por qué* lo deseaba; y en el proceso, comenzó a sentirse bien. Esa tarde llovió, y esa noche el meteorólogo reportó "una tormenta aislada e inusual en Hill Country."

Sus pensamientos son poderosos, y ustedes tienen mucho más control sobre sus experiencias de lo que la mayoría se imagina.

Lo que deseo es sentirme bien

Un joven padre se sentía perdido porque su pequeño hijo mojaba la cama todas las noches. No solamente su padre se sentía frustrado cada mañana debido a las molestias físicas de encontrar las sábanas y la ropa mojadas cada mañana, sino que, además, estaba preocupado por las consecuencias emocionales de esta conducta que llevaba tanto tiempo ocurriendo. Y, francamente, se sentía avergonzado ante el comportamiento de su hijo. Se quejó ante nosotros: "Está demasiado grande para esto."

Le preguntamos: "Cuando llegas a la habitación en la mañana, ¿qué ocurre?"

"Pues tan pronto entro a su habitación, me doy cuenta por el olor que mojó la cama de nuevo," respondió.

"¿Y cómo te sientes en ese punto?" preguntamos.

"Impotente, enojado, frustrado. Esto ya lleva demasiado tiempo, y no sé qué hacer al respecto."

"¿Qué le dices a tu hijo?"

"Le digo que se quite la ropa mojada, que se meta en la tina, y le digo que ya está muy grande para esto y que ya lo hemos hablado."

Le dijimos a este padre que en realidad él estaba perpetuando esa conducta. Le explicamos: *Cuando la forma en que te sientes es controlada por una situación, nunca puedes influir un cambio en la condición; pero cuando eres capaz de controlar lo que sientes en medio de una condición, entonces tienes el poder de influenciar un cambio en la condición.* Por ejemplo, cuando entras en la habitación de tu hijo y te haces consciente de que algo que no deseas acaba de ocurrir, si puedes detenerte por un momento y reconocer aquello que *no deseas* ha ocurrido, preguntándote qué es lo que *deseas* y luego reforzando ese lado de la ecuación del giro preguntándote *por qué* lo deseas, no solamente hará que *te* sientas mejor de inmediato, sino que además pronto comenzarás a ver los resultados de tu influencia positiva.

"¿Qué *deseas*?" preguntamos.

Dijo: "Deseo que mi pequeño se levante seco y feliz, y que se sienta orgulloso en vez de sentirse avergonzado."

Este padre sintió alivio al enfocarse en lo que deseaba porque al hacer ese esfuerzo, encontró armonía con su deseo. Le dijimos: "Cuando estás pensando así, lo que estará emanando de ti estará en armonía con tu deseo en vez de con lo que no deseas, y así podrás influir de formas más positivas en tu hijo. Entonces te saldrán palabras como: 'Oh, esto es parte del crecimiento. Todos hemos pasado por algo así, y estás creciendo muy rápidamente. Ahora quítate esa ropa mojada y métete en la tina.'" Este joven padre nos dijo al poco tiempo que se sentía feliz de informarnos que su hijo ya no mojaba la cama...

Cada vez que me siento mal, estoy atrayendo lo indeseado

Aunque casi todo el mundo está consciente de cómo se siente a varios niveles, son pocos los que entienden la importante guía que sus sentimientos o emociones les ofrecen. En términos más sencillos: *Cada vez que se sienten mal, están en el proceso de atraer algo que no les agrada. Sin excepción, la razón de la emoción negativa es que se están enfocando en algo que no desean o en la carencia de algo que desean.*

Muchos consideran las emociones negativas como algo indeseado, pero nosotros preferimos verlas como una importante guía para ayudarlos a comprender la dirección de su enfoque... y, por consiguiente, la dirección de su vibración... por lo tanto, la dirección de lo que están atrayendo. Podrían llamarlo una "campana de alarma," porque ciertamente les ofrece una señal que les permite saber que es hora de dar un giro, pero preferimos llamarlo una "campana de *guía*."

Sus emociones son su *Sistema de Guía* para ayudarlos a comprender lo que están en proceso de crear con cada pensamiento que tienen. A menudo, las personas que están comenzando a comprender el poder del pensamiento y la importancia de enfocarse en temas que los hacen sentir bien, se sienten avergonzados o incluso molestos consigo mismos cuando se descubren en medio de una emoción negativa, pero no hay razón para sentirse molestos consigo mismos por tener un *Sistema de Guía* que funciona de manera perfecta.

Cada vez que se den cuenta que están sintiendo una emoción negativa, comiencen por felicitarse por haberse percatado de su Guía, y luego intenten suavemente mejorar el sentimiento escogiendo pensamientos que los hacen sentirse mejor. A esto lo llamamos un <u>Proceso de dar un giro</u> muy sutil en donde ustedes escogen pensamientos que los hacen sentir mejor.

Cada vez que sienten una emoción negativa, pueden decirse a sí mismos: *Estoy sintiendo un poco de emoción negativa, lo cual significa que estoy en el proceso de atraer algo que no deseo. ¿Qué es lo que deseo?*

A menudo, con sólo reconocer que "desean sentirse mejor" ayudan a cambiar sus pensamientos hacia una dirección que se siente mejor. Pero es importante comprender la distinción entre "*desear* sentirse bien" y "no *desear* sentirse mal." Algunas personas piensan que es lo mismo expresado de dos formas distintas, cuando en realidad son exactamente opuestos, con enormes diferencias vibratorias. *Si pueden comenzar a orientar sus pensamientos buscando constantemente cosas que los hagan sentir bien, comenzarán a desarrollar patrones de pensamiento, o creencias que los ayudarán a crear vidas magníficas y que los hacen sentir bien.*

Mis pensamientos se compenetran con pensamientos correspondientes más intensos

Cualquier tema en el que se enfoquen, ya sea un recuerdo de su pasado, algo que están observando en el presente, o algo que están anticipando en su futuro, ese pensamiento está activo en su interior ahora, y está atrayendo otras ideas y pensamientos similares. No solamente sus pensamientos atraen otros pensamientos que son de naturaleza similar, sino que en cuanto más se enfoquen, más intensos los pensamientos y más poder de atracción acumulan.

Nuestro amigo Jerry comparó esto a las amarras de un gran barco que una vez él observó mientras atracaba en el muelle. Debía ser atado con una soga que era muy grande, demasiado grande y voluminosa como para ser lanzada por encima del agua. Entonces, fue enviado un pequeño ovillo de cuerda empalmado en un ovillo más grande, el cual había sido empalmado a uno más grande... hasta que eventualmente la soga más grande podría sacarse fácilmente del agua, y la nave quedaba perfectamente segura en el muelle. Esto es similar a la forma en que sus pensamientos se compenetran entre sí, conectándose unos con otros, unos con otros, y así sucesivamente.

En algunos temas, como han estado halando por más tiempo de la cuerda negativa, es más fácil obtener un empalme contiguo negativo. Es decir, sólo hace falta algún comentario negativo de parte de alguien, un recuerdo de algo, o una sugerencia, para llevarlos de inmediato en una caída negativa.

Su punto de atracción predominante proviene de las cosas diarias que están pensando mientras se mueven a lo largo de su día, y ustedes tienen el poder de dirigir sus pensamientos de forma positiva o negativa. Por ejemplo: están en el supermercado y se dan cuenta que su compra habitual ha subido sustancialmente de precio, y sienten que se llenan de ira. Podrían estar pensando que solamente están atónitos ante el repentino aumento de precio de un artículo, y puesto que no pueden opinar respecto a los precios de los víveres en la tienda, no tienen otra opción que sentirse molestos. Sin embargo, deseamos señalar que su sentimiento de inconformidad no es debido a la acción del supermercado de aumentar los precios para la gente, sino debido a la dirección de sus propios pensamientos.

Al igual que la analogía de la soga que ha sido atada a la otra soga que ha sido atada a la otra soga, sus pensamientos están atados entre sí y viajan rápidamente a elevados lugares vibratorios. Por ejemplo: *Esto es increíble, el precio de este artículo es mucho más*

alto que la semana pasada... este aumento de precios parece dispara-
tado... no hay nada razonable en la codicia del mercado... las cosas se
están saliendo de proporciones... no sé adónde llegaremos... no creo que
podamos seguir así... nuestra economía está en problemas... no puedo
pagar estos precios tan altos... apenas si puedo mantenerme con mi
sueldo... no logro ganar lo suficiente como para ir a la par con los altos
costos de la vida...

Y, por supuesto, este tren negativo de pensamientos podría moverse hacia muchas direcciones, a reprochar la tienda, la economía, su gobierno, pero por lo general siempre regresa al sentimiento de que la situación los impacta negativamente, porque todo lo que observan lo sienten como algo personal. Y todo, en verdad, *es* personal porque ustedes ofrecen una vibración respecto a eso que está afectando lo que ahora están atrayendo con su selección de pensamientos.

Si están conscientes de cómo se sienten y comprenden que sus emociones están indicando la dirección de sus pensamientos, entonces pueden guiar más deliberadamente sus pensamientos. Por ejemplo: *Increíble, el precio de este artículo es mucho más alto que la semana pasado... sin embargo, no estoy al tanto de los demás artícu-los en mi compra... quizá han mantenido su precio... o quizá hasta han bajado de precio... en realidad no estaba prestando atención... éste me llamó la atención porque subió mucho... los precios fluctúan... puedo arreglármelas... las cosas suben un poco pero todo está saliendo bien... un sistema bastante impresionante de distribución es lo que hace que haya tanta variedad de artículos disponibles para nosotros...*

Una vez que deciden que les interesa sentirse bien, descubrirán que es cada vez más fácil escoger con mayor consistencia la dirección de pensamientos que los hacen sentir bien.

Cuando el deseo de sentirse bien está activo efectivamente en su interior, estará presente una inspiración consistente hacia pensamien-tos que los hacen sentir bien, y descubrirán que cada vez es más y más fácil dirigir sus pensamientos hacia direcciones productivas. Sus pensa-mientos contienen un enorme poder de atracción creativa, que ustedes pueden dominar efectivamente solo por medio de la oferta consistente de pensamientos que los hacen sentir bien. Cuando sus pensamientos se mueven constantemente entre lo deseado y lo indeseado, las ventajas y las desventajas, los beneficios y los perjuicios, pierden el beneficio del impulso de su pensamiento puro y positivo.

Crear un *Libro de aspectos positivos*

En el primer año del trabajo de Jerry y Esther con nosotros, ellos utilizaban las salas de reuniones de pequeños hoteles en distintas ciudades en un radio de 480 kilómetros de su hogar en Texas, para ofrecer un lugar cómodo en donde las personas pudieran dirigirnos sus preguntas personales. Había un hotel en Austin que parecía siempre olvidar que íbamos, a pesar de que Esther había realizado las reservaciones previamente , había firmado contratos, e incluso había llamado unos días antes del evento para confirmar. El hotel siempre lograba acomodarlos (a pesar de que cuando llegaban, nadie parecía estar esperándolos), pero era muy incómodo para Jerry y Esther estar en la posición de tener que pedirle al personal del hotel que se apuraran a alistar el salón para la llegada de sus invitados.

Finalmente, Esther dijo: "Creo que debemos encontrar un nuevo hotel."

Y dijimos: "Puede ser una buena idea, pero recuerden, *adonde vayan, se están llevando a ustedes mismos.*"

"¿Qué quieres decir con eso?" Esther preguntó un poco a la defensiva.

Le explicamos: *"Si toman acción desde su perspectiva de carencia, la acción siempre será contraproductiva.* De hecho, es muy probable que el nuevo hotel los trate igual a como los trató el último." Jerry y Esther se rieron ante nuestra explicación porque ya se habían mudado de un hotel a otro por la misma razón.

"¿Qué debemos hacer?" preguntaron. Les aconsejamos que compraran un nuevo cuaderno y que escribieran con letras grandes en la cubierta: MI LIBRO DE ASPECTOS POSITIVOS. Y en la primera página del escribieran: "Aspectos positivos del Hotel _____ en Austin."

Luego, Esther comenzó a escribir: "Es un lugar precioso. Está siempre impecable. Está bien situado. Muy cerca de la autopista, de fácil acceso. Hay muchas salas de tamaños distintos para acomodar nuestros invitados que son cada vez más. El personal del hotel es siempre muy amable..."

Mientras Esther iba escribiendo, su *sentimiento* respecto al hotel cambió de negativo a positivo, y en el momento en que ella comenzó a *sentirse* mejor, cambió su *atracción* hacia el hotel.

Ella no escribió: "Siempre están listos esperándonos," porque eso no era lo que había ocurrido, y escribir eso habría evocado un sentimiento de contradicción o un sentimiento de defensa o de justificación de su parte. Al desear sentirse bien, y al enfocar su atención deliberadamente más en las cosas del hotel que la hacían sentir bien, cambió el punto de atracción de Esther respecto al hotel, y luego ocurrió algo que a ella le pareció muy interesante: al hotel no se le volvió a olvidar que ellos llegaban. A Esther le pareció divertido darse cuenta que el hotel no se olvidaba de ellos porque fueran poco cuidadosos o desorganizados. Sencillamente, el personal de hotel estaba siendo influido por la idea predominante de Esther respecto a ellos. En conclusión, ellos no podían oponerse a la idea negativa actual de Esther.

Esther disfrutaba tanto de su *Libro de aspectos positivos* que comenzó a escribir páginas y páginas sobre muchos temas de su vida. La animamos a que escribiera no solo sobre las cosas que estuviera buscando mejorar sus sentimientos, sino sobre las cosas hacia las cuales se sintiera más que todo positiva, para lograr el hábito de tener pensamientos que la hicieran sentir bien y por el placer de tener pensamientos que la hicieran sentir bien. Es una forma agradable de vivir.

La *Ley de Atracción* le añade poder a los pensamientos

A menudo, cuando experimentan una situación indeseada, sienten una necesidad de explicar por qué ocurrió, quizá en un intento de justificar la razón por la cual se encuentran en la situación. *Cada vez que defienden o justifican o racionalizan o culpan cualquier cosa, o a cualquier persona, permanecen en un lugar de atracción negativa.* Cada palabra que dicen cuando explican por qué algo no es de la forma que desean que sea, continúa la atracción negativa, porque no se pueden enfocar en lo que desean mientras explican *por qué* están experimentando algo que no desean. *No pueden enfocarse al mismo tiempo en aspectos positivos y aspectos negativos.*

A menudo, en un esfuerzo por determinar dónde comenzaron sus problemas, lo único que hacen es mantenerse durante más tiempo en esa atracción negativa: *¿Cuál es la raíz de mis problemas? ¿Cuál es la razón por la cual no estoy donde deseo estar?* Es natural que deseen mejorar su experiencia, y por lo tanto es lógico que busquen una solución..., pero hay una gran diferencia entre buscar seriamente una solución y justificar la necesidad de una solución enfatizando el problema.

La comprensión de que algo no es como lo desean es un primer paso muy importante, pero una vez que lo han identificado, mientras más rápido logren alejar su atención hacia la dirección de una solución, mejor, porque una exploración continua del problema evitará que encuentren la solución. El problema está en una frecuencia vibratoria diferente a la solución.

Cuando se concientizan del valor del *Proceso de dar un giro*, y se vuelven adeptos a identificar lo que no desean y de inmediato giran su atención hacia lo deseado, se dan cuenta que antes que todo, están rodeados de cosas maravillosas, porque hay muchas más cosas buenas que malas en su mundo. Además, utilizar el *Libro de aspectos positivos* los ayudará a orientarse más hacia lo positivo. Los asistirá para que inclinen gradualmente el equilibrio de sus pensamientos más en la dirección de lo *que* desean.

Cuanto más enfocan su atención con la intención de encontrar cada vez más pensamientos que los hacen sentir mejor, más comprenderán que hay una gran diferencia entre pensar en lo que desean y pensar en su ausencia. Cada vez que se sienten incómodos mientras hablan o piensan sobre mejorar algo que desean, como una mejor situación económica o una mejor relación o una condición física, en ese momento están evitando encontrar la mejoría.

El *Proceso de dar un giro* y el *Proceso del libro de aspectos positivos* se ofrecen para asistirlos en el reconocimiento, en las etapas tempranas y sutiles de su creación, que están halando las puntas de las sogas del ovillo del negativismo, para que puedan soltarlo de inmediato y buscar el ovillo de los pensamientos positivos.

Es mucho más fácil pasar de un pensamiento de algo que los hace sentir un poco mejor, a un pensamiento que los hace sentir todavía un poco mejor, a un pensamiento que los hace sentir todavía un poco mejor... que ir directamente a un pensamiento que los hace sentir maravillosamente bien, porque todos los pensamientos (o vibraciones) son afectados (o administrados) por la Ley de Atracción.

Comenzaré mi día con pensamientos que me hagan sentir bien

Cuando se enfocan en algo que realmente no desean, en realidad es más fácil permanecer enfocados en ese tema indeseado (e incluso encontrar más evidencia para apoyar esas ideas) que moverse hacia una perspectiva más positiva, porque *los pensamientos similares se atraen.* Entonces, si están intentando dar un gran salto desde un tema verdaderamente negativo e indeseado, hacia un tema positivo y maravilloso de algo muy deseado, no serán capaz de dar ese salto porque hay demasiada disparidad entre los dos pensamientos. La determinación de inclinarse suave y con constancia hacia la dirección de cosas deseadas, por lo general es la mejor forma de enfocarse en su mejoría vibratoria personal.

Cuando se despiertan en la mañana, después de unas cuantas horas de sueño (y por lo tanto de desapego vibratorio de las cosas indeseadas), están en su estado vibratorio más positivo. Si comienzan su día, incluso antes de pararse de la cama, observando los aspectos positivos de su vida, comenzarán su día con un tono más positivo, y los pensamientos que la *Ley de Atracción* proveerá cuando se lancen en la aventura diaria de su vida, los harán sentir mucho mejor y serán más beneficiosos.

Es decir, cada mañana tienen una oportunidad de establecer una nueva base vibratoria (una especie de punto de partida) que establece la tónica general de sus pensamientos para el resto del día. Y mientras es posible que algunos de los eventos de su día se desvíen de ese punto de partida, con el tiempo verán que han establecido un control completo de sus pensamientos, de su vibración, de su punto de atracción ¡y de su vida!

El sueño es el momento de realinear energías

Mientras duermen, o durante el tiempo que no están enfocados conscientemente en su cuerpo físico, se detiene la atracción a este cuerpo físico. El sueño es el momento en que su *Ser Interior* puede realinear sus Energías, y es el momento de refrescar y reabastecer su cuerpo físico. Si cuando se acuestan dicen: *Hoy descansaré bien, sé que se detendrá toda la atracción a este cuerpo y cuando me despierte en la mañana, emergeré literalmente de regreso a mi experiencia física*, recibirán el mayor beneficio de sus horas de sueño.

Despertarse en la mañana no es muy diferente a nacer. No es tan distinto a ese día en que emergieron por primera vez en su cuerpo físico. Así es que, cuando se despierten, abran sus ojos y digan: *Hoy buscaré razones para sentirme bien. Nada es más importante que sentirme bien. Nada es más importante que escoger pensamientos que atraigan otros pensamientos, que atraigan otros pensamientos que eleven mi frecuencia vibratoria al lugar en donde puedo resonar con los aspectos positivos del Universo*.

Su vibración está en donde la hayan dejado. Si se acostaron preocupados respecto a una situación antes de dormir, cuando se despierten, seguirán en el punto en que quedaron la noche anterior, y entonces sus pensamientos del día comenzarán desde ese ángulo negativo. Y luego la *Ley de Atracción* seguirá atrayendo cosas acordes con esos pensamientos. Pero si hacen un esfuerzo al acostarse para identificar algunos de los aspectos positivos de su vida, y luego liberan deliberadamente sus pensamientos cuando recuerdan que durante su sueño se van a desapegar y a reabastecer, y si cuando se despiertan, abren sus ojos y dicen: *Hoy buscaré razones para sentirme bien...* comenzarán a obtener el control de sus pensamientos y de su vida.

En vez de preocuparse por los problemas del mundo, o de pensar en las cosas que tienen que hacer, sencillamente recuéstense en su cama y observen los aspectos positivos del momento: *Qué maravillosa se siente mi cama. Qué cómoda se siente la tela sobre mi piel. Qué bien se siente mi cuerpo. Qué cómoda es mi almohada. Qué refrescante el aire que respiro. ¡Qué bueno estar vivo!...* Comenzarán a halar la soga de los sentimientos agradables y positivos.

La *Ley de Atracción* es como una lupa gigante que todo lo agranda. Y así, cuando se despiertan y buscan razones (algo muy cerca de ustedes) para sentirse bien, la *Ley de Atracción* les ofrece entonces otro pensamiento que se sienta similar, y luego otro, y luego otro, y eso es lo que llamamos verdaderamente levantarse de la cama con el pie derecho.

Con un poquito de esfuerzo, y un deseo de sentirse bien, pueden dirigir sus pensamientos hacia escenarios cada vez más placenteros hasta que cambian sus hábitos de pensamientos así como su punto de atracción, y la evidencia de la mejoría de sus pensamientos comenzará a manifestarse de inmediato.

Un ejemplo de un *Proceso de aspectos positivos a la hora de dormir*

Su orientación de la vida basada en la acción lo ha hecho creer que se necesita trabajar duro para que las cosas pasen, pero cuando aprenden a dirigir deliberadamente sus pensamientos, descubren la tremenda influencia y poder de sus pensamientos. Cuando se enfocan más consistentemente sólo en la dirección de lo que desean en vez de diluir el poder de sus pensamientos pensando en lo *deseado* y luego en lo *indeseado*, comprenderán a lo que nos referimos, desde su propia experiencia personal. Debido a su orientación basada en la *acción*, a menudo hacen muchos esfuerzos y trabajan muy duro. Y como resultado, la mayoría de ustedes le prestan más atención a lo que está mal (o le prestan más atención a lo que necesita arreglo) que a lo que desean.

Aquí vemos una buena manera de aplicar el *Proceso de aspectos positivos* a la hora de dormir: cuando se acuesten, intenten recordar algunos de los momentos más placenteros que ocurrieron durante el día. Puesto que seguramente ocurrieron muchas cosas, es posible que tengan que reflexionar durante un momento, y entonces recuerdan algunas de las cosas no tan placenteras, pero mantengan su intención de encontrar algo placentero, y cuando lo encuentren, ofrézcanle su consideración.

Céntrense en un arranque positivo diciendo cosas como: *Lo que me gustó al respecto fue..., mi parte favorita fue...*, seguido de algo positivo que puedan añadir, pensando en las mejores partes de su día; y luego, una vez que sienten el efecto de sus pensamientos positivos, enfóquense en su intención dominante del momento: *pasar una buena noche y despertarse renovados en la mañana.*

Díganse: *Voy a dormir ahora; y mientras duermo, puesto que mis pensamientos estarán inactivos, la atracción se detendrá y mi cuerpo físico se sentirá totalmente renovado en todo nivel.* Giren su atención hacia las cosas más cercanas a ustedes, como la comodidad de su cama, la suavidad de su almohada, el Bienestar de su momento. Y luego, gentilmente proclamen su intención: *Dormiré bien, y me despertaré renovado con un nuevo y positivo punto de atracción que me hará sentir muy bien.* Y luego, duerman plácidamente.

Un ejemplo de un *Proceso de aspectos positivos al despertar*

Al despertar a la mañana siguiente, estarán en ese lugar positivo sintiéndose bien, y sus primeros pensamientos serán algo así como: *Oh, estoy despierto. He emergido de nuevo en lo físico...* Permanezcan recostados por un momento y deléitense en la comodidad de su cama, y luego, ofrezcan un pensamiento como: *Hoy, sin importar dónde vaya, sin importar lo que haga, sin importar con quién lo haga, mi intención predominante es buscar cosas que me hagan sentir bien. Cuando me siento bien, estoy vibrando con mi poder más elevado.*

Cuando me siento bien, estoy en armonía con lo que considero bueno. Cuando me siento bien, estoy en el modo de atraer lo que me agrada una vez que llegue ahí. Y cuando me siento bien, ¡me siento bien! (Es bueno sentirse bien si lo único que cuenta es lo que sienten en el momento, pero en realidad las implicaciones de sentirse bien son mucho más extensas.)

Nosotros nos quedaríamos recostados en la cama por dos o tres minutos (eso es suficiente), y buscaríamos aspectos positivos en nuestro entorno. Y luego, al avanzar el día, comenzaríamos a reconocer más aspectos positivos, buscando razones para sentirnos bien sin importar el objeto de nuestra atención.

En el primer momento de cualquier emoción negativa, lo cual ocurrirá probablemente aunque hayan comenzado su día buscando razones para sentirse bien, porque, en algunos temas, ya ha habido un impulso negativo en acción, a la primera inclinación hacia cualquier emoción negativa, nos detendríamos y diríamos: *Deseo sentirme bien. Estoy sintiendo un poco de emoción negativa, lo cual quiere decir que me estoy enfocando en algo que no deseo. ¿Qué es lo que deseo?* Dirigiríamos nuestra atención inmediatamente hacia lo que deseamos, manteniéndonos enfocados en el nuevo pensamiento, o en el pensamiento positivo, por el tiempo necesario para sentir que la Energía positiva comienza a fluir de nuevo a través de nosotros.

Mientras transcurre su día, busquen más razones para reír y más razones para divertirse. Cuando se quieren sentir bien, no tienen que tomarse las cosas con tanta seriedad; y cuando no se toman las cosas tan en serio, están menos propensos a advertir la ausencia de las cosas deseadas; y cuando no se están enfocando en la ausencia de las cosas deseadas, se sienten mejor, y cuando se sienten mejor, atraen más de las cosas que desean... y de esta forma, la vida va mejorando cada vez más.

Y entonces, esa noche, cuando se recuesten en su cama, tendrán muchas cosas maravillosas para considerar mientras se van dejando caer en un sueño reparador y refrescante; y luego se despertarán en un nuevo día en que se sentirán cada vez mejor y mejor.

Sé cómo me quiero sentir

Algunas veces cuando están en medio de una situación incómoda, luchan para encontrar *cualquier* aspecto positivo. Algunas cosas son intolerables; algunas cosas son tan enormes y tan terribles que parece imposible encontrar algo positivo en ellas, pero eso ocurre porque están tratando de dar un salto demasiado grande desde lo terrible en que se están enfocando a la solución de su deseo. Es decir, si desean encontrar una solución ahora mismo con una acción que arregle esto, pero se hallan en una situación en la que nada parece apropiado, recuerden siempre que puede ser que no haya ningún aspecto positivo de su acción en ese momento, aunque no logren entender qué pueden *hacer* para sentirse mejor al menos *siempre sabrán cómo desean sentirse.*

Es casi como decir: "Acabo de saltar de un avión y no tengo paracaídas. ¿Qué debo hacer ahora?" Hay situaciones en donde, dadas las circunstancias, no hay acción ni pensamiento, que en este punto, pueda ser tan distinto que cambie el resultado que los está atormentando. Y, en la misma forma en que a veces no es posible encontrar ninguna *acción* que arregle las cosas, tampoco hay un *pensamiento* que las cambie inmediatamente.

Pero si comprenden el poder de sus pensamientos y la increíble y consistente influencia que ofrecen los pensamientos que los hacen sentir bien, y comienzan a escoger deliberadamente esos pensamientos usando la guía que sus sentimientos o emociones les indican, pueden transformar fácilmente sus vidas en experiencias que los hacen sentir bien predominantemente, al enfocarse en mejores sentimientos. *Si son capaces de encontrar el menor sentimiento de alivio en un pensamiento escogido deliberadamente, comenzará su sutil sendero hacia la solución.*

Qué hacer en ciertas situaciones puede no parecerles claro, y a veces quizá ni siquiera logren identificar lo que desean tener, pero jamás hay un momento en que no sean capaces de identificar, hasta cierto grado, cómo desean sentirse. En otras palabras, saben que prefieren estar *felices* en vez de *tristes, renovados* en vez de *cansados, revitalizados* en vez de *frenéticos.* Saben que prefieren sentirse *productivos* en vez de *improductivos, libres* en vez de *confinados, prósperos* en vez de *estancados...*

No existe suficiente acción disponible como para compensar pensamientos desalineados, pero cuando comiencen a obtener el control de lo que sienten, escogiendo deliberadamente la dirección de sus pensamientos, descubrirán la poderosa influencia de los pensamientos. *Si se esfuerzan en tener un control más deliberado de sus propios pensamientos, se esforzarán en tener un control más deliberado de su propia experiencia de vida.*

Nada es más importante que sentirse bien

No es difícil volverse más deliberados respecto a lo que piensan. A menudo, escogen lo que comen, el auto que conducen y la ropa que usan; ser un pensador deliberado no requiere mucha más discriminación. Pero aprender a dirigir deliberadamente sus pensamientos hacia el aspecto del tema que los hace sentir mejor, tiene un impacto mucho mayor en la mejoría de su vida que escoger una comida, un vehículo o un guardarropa.

Una vez que lean estas palabras y sientan su propia resonancia personal con su significado y su poder, jamás volverán a sentir una emoción negativa sin darse cuenta que están recibiendo una guía importante para ayudarlos a guiar sus pensamientos hacia una dirección más productiva y beneficiosa. Es decir, jamás sentirán emoción negativa sin comprender que eso significa que están en el proceso de atraer algo *indeseado.* Algo importante les está ocurriendo cuando se vuelven plenamente conscientes de sus emociones y de la guía que ellas proveen, porque aún en su ignorancia respecto al significado de la emoción negativa, estaban atrayendo negativamente. Y así, al comprender sus emociones, obtienen el control de su experiencia de vida.

Cada vez que se sienten menos que bien, si se detienen y dicen: *Nada es más importante que sentirme bien, deseo encontrar una razón ahora para sentirme bien,* descubrirán un pensamiento mejor, el cual los llevará a otro y a otro. Al desarrollar el hábito de buscar pensamientos que los hacen sentir bien, mejoran las circunstancias que los rodean. La *Ley de la Atracción* lo exige. Cuando se sienten bien, experimentan la sensación de que se abren puertas mientras el Universo coopera con ustedes; y cuando se sienten mal, sienten que las puertas se cierran y se detiene la cooperación.

Cada vez que sienten emoción negativa, están en el modo de resistir algo que desean, y esa resistencia hace mella en ustedes. Hace mella en su cuerpo físico, y hace mella en la cantidad de cosas maravillosas que no están permitiendo en su experiencia.

A través de su proceso de vivir la vida y de advertir cosas deseadas e indeseadas, han creado una especie de *Fideicomiso Vibratorio*, el cual, en un sentido, guarda en depósito esas cosas que ustedes han identificado como deseadas, hasta que se convierten en un Correspondiente Vibratorio lo suficientemente cercano a esas cosas que se permiten recibirlas y manifestarlas a plenitud. Pero hasta que no encuentren la manera de sentirse bien respecto a ellas, aunque no se hayan manifestado todavía en sus vidas, puede parecerles que ellas están del otro lado de una puerta que no pueden abrir. Sin embargo, cuando comienzan a buscar aspectos más positivos respecto a las cosas que ocupan sus pensamientos, y escogen deliberadamente el extremo positivo de la vara de las posibilidades respecto a los temas que dominan sus procesos de pensamientos, esa puerta se abrirá y todos sus deseos fluirán fácilmente en su experiencia.

Cuanto mejor se ponen las cosas, mejor se ponen las cosas

Cuando buscan deliberadamente aspectos positivos sobre cualquier cosa a la que le están prestando su atención, en cierto sentido sintonizan su dial vibratorio con los aspectos más positivos de todas las cosas. Y, por supuesto, también pueden sintonizarse negativamente. Muchas personas lidian con una actitud de autocrítica como resultado de la comparación negativa que les han dirigido padres o maestros o amigos, y no hay nada más perjudicial para su capacidad de atraer positivamente que una actitud negativa hacia ustedes mismos.

Entonces, a veces escoger un tema sobre el cual han practicado menos pensamientos negativos, los ayuda a sintonizarse mejor en una frecuencia en donde se sienten mejor; y desde ese lugar de Bienestar, dirigen de nuevo sus pensamientos hacia sí mismos, descubriendo más aspectos positivos que lo usual. *Una vez que descubran más aspectos positivos del mundo que los rodea, comenzarán a encontrar más aspectos positivos respecto a ustedes mismos. Y una vez que esto ocurre, será mucho más fácil encontrar más aspectos positivos respecto a su mundo.*

Cuando descubren cosas de ustedes que les disgustan, descubren más de esas cosas en los demás. Dicen: "Las cosas se están poniendo cada vez peores." Pero cuando buscan deliberadamente aspectos positivos en ustedes o en los demás, descubren más de esas cosas: "Cuanto mejor se ponen las cosas, mejor se ponen las cosas."

No podemos enfatizar demasiado el valor de buscar aspectos positivos y enfocarse más en las cosas deseadas, porque todo lo que les llega depende de esta sencilla premisa: *obtienen más y más de lo que están pensando, lo deseen o no.*

Mi Universo está equilibrado positiva y negativamente

Eres el creador de tu experiencia. O podríamos decir que *eres quien atrae tus experiencias.* Crear no es identificar algo que uno desea y luego correr tras eso y capturarlo. Crear es enfocarse en el objeto del deseo, sintonizando sus pensamientos más precisamente con los aspectos del tema que desean experimentar y, por consiguiente, permitiendo que la *Ley de Atracción* se los ofrezca.

Ya sea que estén *recordando* algo del pasado, *imaginando* algo del futuro, u *observando* algo del presente, están ofreciendo vibraciones y pensamientos a los cuales la *Ley de Atracción* está respondiendo. Pueden referirse a sus pensamientos como *deseos* o *creencias* (una creencia es solamente un pensamiento que siguen teniendo), pero sea lo que sea a lo que presten su atención, lo están estableciendo como su punto de atracción.

Puesto que cada tema es en verdad dos temas: *lo deseado* y *la ausencia de lo deseado,* es posible creer que se están enfocando en lo positivo cuando de hecho se están enfocando en lo negativo. Las personas pueden decir: "Deseo más dinero," pero se están enfocando en realidad en el hecho de que no tienen todo el dinero que necesitan. Muchas personas hablan a menudo de su deseo de ser saludables mientras se sienten enfermas. Es decir, su atención a lo que no desean es lo que está activando sus comentarios respecto a lo que desean, pero en la mayoría de los casos, aunque están diciendo palabras que parezcan indicar que están enfocados en su deseo, no lo están.

Es solamente reconociendo conscientemente cómo se sienten mientras están hablando, que sabrán si están atrayendo positiva o negativamente. Y aunque no vean evidencia inmediata de aquello que están en el proceso de atraer, todo lo que están pensando está amasando pensamientos, vibración y Energías correspondientes; y, eventualmente, la evidencia de su atracción será obvia.

Mi Universo responde a mi atención a...

La mayoría de las personas creen, o desean creer, que todo en el Universo responde a sus palabras de la misma forma en que otras personas a su alrededor están entrenadas para comportarse. Cuando les dicen: "Sí, vengan a mí," ustedes esperan que ellos vengan. Cuando les dicen: "No, aléjense de mí," ustedes esperan que ellos se vayan. Pero ustedes viven en un Universo basado en la atracción (un Universo basado en la inclusión), lo cual sencillamente quiere decir que no existe el *no.*

Cuando le prestan atención a algo deseado y dicen: "Sí, ven a mí," la incluyen en su vibración, y la *Ley de Atracción* comienza el proceso de atraerla. Pero cuando observan algo indeseado y dicen; "No, no te deseo, ¡vete!" el Universo también se los entrega. *Su atención a eso, y su alineación vibratoria consecuente con eso, es lo que causa la respuesta, no sus palabras.*

Entonces, cuando dicen: "Salud perfecta, te anhelo y te deseo... me deleito en la idea de una salud perfecta", están atrayendo buena salud. Pero cuando dicen: "Enfermedad, no te deseo", están atrayendo enfermedad. Cuando dicen: *"No, no, no,"* se acerca cada vez más y más y más, porque cuanto más luchen contra algo que no desean, más impotentes se vuelven de cambiarlo.

Las personas a menudo creen que una vez que encuentren su pareja perfecta, o logren el peso ideal, o acumulen suficiente dinero, *entonces, de una vez por todas,* también encontrarán la felicidad que buscan... pero no existe ni un pequeño rincón en donde solamente existan aspectos positivos. El equilibrio perfecto del Universo dice que lo positivo y lo negativo (deseado e indeseado) existe en todas las partículas del Universo. Cuando tú, como el creador, el que define, el que decide, buscas aspectos positivos, eso se convierte en tu vida, en *todos* los aspectos de tu vida. No tienes que esperar que esa cosa perfecta se manifieste para sentir una respuesta positiva. Más bien, entrena positivamente tus pensamientos y vibraciones, y luego conviértete en el *que todo lo atrae*, o en el *creador* de todo.

Los animamos a que comiencen cada día con la frase: *Hoy, sin importar dónde vaya, sin importar lo que haga, sin importar con quién lo haga, mi intención predominante es buscar las cosas que deseo ver.*

Recuerden, cuando se despiertan en la mañana, han renacido. Mientras duermen, la atracción se detuvo. Esa retirada durante unas cuantas horas de sueño, mientras su Conciencia no seguía atrayendo, les ofrece un nuevo y refrescante comienzo. Y así, a menos que se despierten en la mañana y sigan rumiando todo lo que les perturbaba el día anterior, eso no será un problema en su nuevo día, en su nuevo nacimiento, en su nuevo comienzo.

Las decisiones de sentirme bien
atraen sentimientos agradables

Una mujer nos dijo: "Hace poco descubrí que iba a asistir a tres o cuatro fiestas, y tan pronto me enteré, comencé a pensar:

¡Oh, Mary va a estar ahí, y seguro que va a estar preciosa! Comencé de inmediato a compararme con otras personas. Me gustaría dejar de hacer eso y sentirme bien como *soy* y disfrutar de las fiestas, sin importar quién vaya. ¿Me podrían ayudar a aplicar los procesos de *Dar un giro* y *Aspectos positivos* respecto a mi cohibición? En realidad, ni siquiera deseo ir a esas fiestas."

Le explicamos: cuando tu sensación de cohibición se amplifica mientras consideras la posibilidad de ir a esas fiestas, ni la fiesta ni Mary son tu razón para sentirte mal. A veces parece complicado distinguir tus relaciones con los demás, incluso rastrear el comienzo de esos sentimientos hasta tu infancia, pero eso no tiene ningún valor. Tienes la habilidad, desde el punto en donde te encuentras, de hallar aspectos positivos o negativos, de pensar en lo deseado o en lo indeseado, y de comenzar el proceso ahora mismo o unos días antes de tu primera fiesta, o esperar hasta que estés en la fiesta, pero el trabajo es el mismo: *busca cosas que te hagan sentir bien cuando te enfocas en ellas.*

Puesto que tienes más control sobre lo que está activado en tu propia mente, por lo general es mucho más fácil encontrar el aspecto positivo de una situación antes de que te encuentres en medio de ella. Si te imaginas la situación como deseas que sea, y practicas tu respuesta positiva con la situación inminente, entonces cuando estés en la fiesta, serás testigo del control que has puesto en movimiento días antes.

No puedes sentirte bien y mal al mismo tiempo. No puedes enfocarte en lo deseado y en lo indeseado al mismo tiempo. Si has entrenado tus pensamientos hacia lo que consideras bueno o deseado antes de llegar a la fiesta, la <u>Ley de Atracción</u> te traerá cosas buenas y deseadas. Así de sencillo es en realidad.

Si deseas sentirte diferente en las próximas fiestas a como te has sentido en las fiestas de los años previos, debes comenzar a contar una historia distinta. La historia que llevas un tiempo contando es algo así "Solamente me invitan a estas fiestas debido a la relación con mi pareja. A nadie le importa que yo vaya. No soy parte de ese ambiente laboral, y no entiendo la mayoría de las cosas en las cuales ellos están interesados. Me siento una extraña.

Mary no se siente extraña como yo. Su confianza es obvia por la forma en que ella se viste y se presenta. Siempre me siento menos atractiva, menos inteligente, menos todo cuando estoy cerca de Mary. Odio sentirme así. Me gustaría no tener que ir."

A continuación te ofrecemos una historia que podría hacerte sentir mejor: "Mi pareja es alguien muy respetado en su compañía. Es agradable que su compañía ofrezca a sus empleados la oportunidad de llevar a sus cónyuges para que se conozcan entre sí.. Nadie espera que yo esté al tanto de sus labores internas. De hecho, se trata de una fiesta en donde probablemente será más divertido hablar de cosas distintas al trabajo.

La vida no se limita al trabajo de mi esposo en la oficina. Y puesto que nunca voy a su oficina, puede ser que para muchas de esas personas, yo sea una compañía refrescante puesto que no estoy abrumada por las cosas que a ellos los afectan. Mary parece agradable y amistosa. Es evidente que ella no está abrumada por las políticas ni los problemas de la compañía. Me divierte observarla. Es interesante. Me pregunto en dónde compra su ropa, siempre usa prendas hermosas."

¿Ves? No es necesario que aclares todas las inseguridades que has sentido y que uses esa fiesta como medio para resolverlas. Solamente debes enfocarte en algo positivo y sentir el beneficio de hacerlo, y con el tiempo, Mary ya no será una preocupación para ti, quizá hasta se convierta en tu amiga. Pero en todo caso, tú tomas la decisión, y la práctica vibratoria para lograrlo.

¿Cómo no sentir su dolor?

Nuestro amigo Jerry nos preguntó: "Parece que la mayor parte de mi dolor es debido a que observo a otras personas sufrir. ¿Cómo puedo usar el *Proceso de dar un giro* para no sentir dolor respecto al dolor de *ellos*?"

Le explicamos: cualquiera que sea el tema de tu atención, contiene cosas que deseas así como cosas que no deseas ver. El dolor que sientes no es porque estás viendo sufrir a otra persona. Tu dolor se debe a que has escogido mirar un aspecto de esa persona que te causa dolor. Hay una gran diferencia.

Por supuesto, si esta persona no estuviera sufriendo sino que más bien estuviera disfrutando, sería mucho más fácil para ti sentirte alegre, pero no debes depender de condiciones cambiantes para controlar tus sentimientos. Debes mejorar tu habilidad de enfocarte positiva e independientemente de la condición. Y para hacer esto, te ayudaría recordar que todo tema contiene lo *deseado* y lo *indeseado*, y que, si lo haces deliberadamente, *puedes* encontrar algo que te haga sentir mejor.

Por supuesto, es más fácil observar algo que está justo frente a tus ojos, que filtrar deliberadamente cosas que prefieres ver. Sin embargo, cuando para ti es verdaderamente importante sentirte bien, estarás menos propenso a observar con indolencia o descuido, porque tu deseo de sentirte bien inspirará una voluntad aún mayor de buscar aspectos positivos. Además, cuanto más busques cosas en que enfocarte que te hagan sentir bien, más te las traerá a tu vida la *Ley de Atracción*, hasta que con el tiempo, estés tan orientado hacia lo positivo que simplemente no adviertes las cosas que no corresponden con tu orientación positiva.

Una madre nos dijo una vez, en respuesta a nuestro consejo de ignorar los problemas de su hijo: "Pero, ¿no sentiría él que lo he abandonado? ¿No debería estar ahí para él?"

Le explicamos que no existe nada de "abandono" en enfocarse en los aspectos positivos de la vida de su hijo, y es extremadamente poderoso abandonar *cualquier* pensamiento que no se sienta bien cuando pienses en él. Le dijimos: "Nunca ayudas a alguien si eres el amplificador de los problemas o las quejas de alguien. Al mantener una imagen de mejoría en la vida de tu hijo, lo ayudas a avanzar en esa dirección. Puedes estar *ahí* para él. Y llevarlo *ahí* a ese lugar mejor."

Cuando es tu intención deliberada sentirte bien y de verdad te interesa cómo te sientes, descubrirás más y más pensamientos y más temas que te hacen sentir bien. Y entonces, estarás mejor preparado para relacionarte con aquellos que pueden estar sintiéndose bien o mal. Debido a tu deseo de sentirte bien, estarás cimentado tu experiencia con todos aquellos que te relacionas, y será mucho más fácil para ti enfocarte positivamente en sus situaciones sin importar la clase de enredo en que estén metidos. Pero si no has atendido tu propia vibración y no has estado consistentemente manteniendo pensamientos y vibraciones que te hacen sentir bien, entonces podrías dejarte llevar por sus situaciones, y entonces podrías muy bien sufrir por ellos.

Deseamos enfatizar que tú no estás sintiendo *su dolor,* ocasionado por su situación, sino que *sientes tu propio dolor atraído por lo que estás pensando.* En ese conocimiento yace mucho poder, y de hecho, yace la verdadera libertad. *Cuando descubres que puedes controlar lo que sientes porque puedes controlar los pensamientos que tienes, entonces eres libre de avanzar con alegría en tu planeta, pero cuando crees que lo que sientes depende de la conducta o de la situación de los demás, y también percibes que no tienes control sobre esas conductas o situaciones, no te sientes libre.* Eso, de hecho, era el "dolor" que estabas describiendo.

¿Mi conmiseración no es de valor para nadie?

Jerry nos dijo: "Entonces, cuando alejo mi atención de las personas que sufren, eso hará que *me* sienta mejor. Pero de todas maneras, eso no los ayuda a *ellos* a sentirse mejor. Es decir, no he resuelto el problema. Solamente estoy eludiéndolo."

Le respondimos: si no te enfocas en sus problemas, puedes seguir sintiéndote bien, pero ellos siguen con su problema. Es cierto, al comienzo. Pero si te *enfocas* en sus problemas, te sientes mal, ellos se sienten mal, y siguen con el problema. Y si sigues enfocándote en sus problemas, con el tiempo, también será tu problema. Sin embargo, si no te enfocas en sus problemas, sino que más bien tratas de imaginar una solución o un resultado positivo, te sentirás bien, y hay una posibilidad de que los influyas a tener más pensamientos y resultados positivos.

En términos simples, jamás tiene valor alguno (ni puedes ofrecer una solución) cuando sientes emociones negativas, porque la presencia de la emoción negativa en ti significa que estás enfocado en la ausencia de lo deseado, en vez de en lo deseado.

Entonces, si alguien está pasando por una experiencia dura y acude a ti cargado de una poderosa onda de energía negativa, si no has logrado todavía la alineación con tu Bienestar, puedes dejarte llevar por su negativismo; puedes convertirte en parte de su cadena de dolor, y puedes muy bien transmitirle tu propio dolor, quien a su vez se lo pasará a otro y a otro.

Pero si has decidido deliberadamente sintonizar el tono de tu día colocando tu cabeza sobre tu almohada cada noche diciendo: *Hoy, mientras duerma, se detendrá toda la atracción, lo cual significa que mañana será un nuevo comienzo; y mañana buscaré lo que deseo ver porque deseo sentirme bien, ¡porque no hay nada más importante que sentirme bien!,* cuando te despiertes en la mañana, estarás en un nuevo sendero que no carga el negativismo del día anterior. Entonces, cuando entras en una habitación en donde alguien que sufre se te acerca, cuando esta persona con su dolor llega a ti, no te conviertes en parte de su dolor, sino que más bien le brindas un mejor ejemplo de felicidad, porque lo que *sientes* es lo que irradias.

Ahora bien, no es probable que solamente porque permaneces feliz, los demás se unirán a ti de inmediato en tu felicidad. De hecho, cuando hay gran disparidad entre lo que tú sientes y lo que los demás sienten, será difícil para ti relacionarte con los demás; pero con el tiempo, si mantienes tu actitud vibratoria positiva, ellos se unirían a ti en tu positivismo, o se alejarán de tu experiencia. <u>*La única manera en que las personas infelices pueden permanecer en tu experiencia es si tú continúas prestándoles atención.*</u>

Si tú y otras dos personas están caminando en un sendero al pie de un abismo, y nadie viera hacia dónde se dirigen y tropezaras y cayeras al abismo en donde quedaras sostenido por una rama muy frágil, y uno de tus amigos fuera muy fuerte y tuviera el paso firme, y el otro amigo fuera torpe y no estuviera enfocado, ¿con cuál de ellos te sentirías mejor estar? Buscar los aspectos positivos es la forma de tener un paso firme. Es *quien en verdad eres* desde la Perspectiva Interior. Y cuando te alineas consistentemente con pensamientos que te hacen sentir cada vez mejor, los poderosos recursos del Universo se vuelven disponibles para ti.

Simpatizar con los demás significa enfocarte en su situación hasta sentirte igual a como ellos se sienten, y puesto que todo el mundo tiene el potencial de sentirse de maravilla o sentirse terrible, o de tener éxito o fracasar en la realización de sus deseos, tú tienes la opción de escoger los aspectos de ellos con los que deseas simpatizar. Te sugerimos que simpatices con los mejores aspectos que puedas encontrar en los demás que te hagan sentir bien; y al hacer esto, puedes influenciarlos para que ellos también mejoren sus condiciones.

¿No sentir dolor ante el dolor ajeno?

Un hombre nos preguntó en una ocasión: "¿Cómo se puede terminar una relación sin sentir dolor ante el dolor de la otra persona? Si uno decide que es hora de seguir su camino y la otra persona no está lista para avanzar, o la otra persona está muy perturbada, ¿cómo puede uno mantener el equilibro en una situación así?"

Le respondimos: cuando intentas guiar tu conducta prestando atención a lo que alguien más siente respecto a la tuya, te sientes impotente porque no puedes controlar la perspectiva del otro y, por consiguiente, no puedes lograr una mejoría consistente en tu propia vibración o en tu punto de atracción o en cómo te sientes.

Si has decidido tomar acción y dejar una relación antes de haber realizado tu trabajo vibratorio de enfocarte en lo *que* deseas y en *por qué* lo deseas, cualquier acción que tomes solamente traerá más del mismo malestar que has estado experimentando. Y una vez que la relación ha terminado y estás solo o sola o comienza otra relación con otra persona, esas vibraciones negativas pendientes no permitirán un desarrollo agradable. En palabras sencillas, es mucho mejor encontrar tu equilibrio vibratorio *antes* de tomar la acción de la separación, o podrías sufrir por largo tiempo.

Examinemos los componentes de esta situación y brindemos un poco de claridad a tus opciones: has llegado a una conclusión como resultado de tu descontento con esta relación durante un tiempo, piensas que es mejor terminarla. Es decir, crees con certeza que tu oportunidad de felicidad es mayor lejos de la relación que en ella. Pero cuando le anuncias esto a tu pareja, tu pareja se vuelve todavía más infeliz. Y ahora, debido a que tu pareja es más infeliz, tú eres más infeliz.

Una opción es quedarse y decir: "No te preocupes, no te pongas triste. He cambiado de idea. Me quedaré contigo." Pero lo único que has logrado es que ahora los dos sean infelices; tomaste la decisión de irte, lo cual ocasionó que tu pareja estuviera aun más infeliz; y ahora cambiaste tu decisión, para que tu pareja no esté tan infeliz como antes, pero ninguno de los dos es feliz. Entonces, nada ha cambiado, excepto que las cosas se volvieron un poco más intensas por un momento, pero básicamente los dos siguen insatisfechos e infelices en esta relación.

Otra opción es irte. Podrías enfocarte en todas las cosas que han ocasionado que te sientas incómodo con la relación y usar esas cosas como una justificación para irte. Y aunque ese enfoque negativo en cosas negativas te ofrece la convicción para tomar la acción de irte, en realidad no te sientes mucho mejor. Aunque puedes sentir un poco de alivio de la intensidad de tu infelicidad una vez que sales de esa relación, sigues sintiendo la necesidad de justificar tu acción de irte, lo cual te mantendrá en un estado incómodo. Entonces, aunque te hayas alejado de lo que en vedad te perturbaba, sigues sintiéndote molesto.

En realidad, no hay nada que *tú puedas hacer* para evitar que los demás se sientan mal, porque ellos no se sienten mal debido a *tu* conducta. No hay mayor trampa en las relaciones o en la vida que intentar mantener a los demás felices observando *sus* emociones y luego intentar compensarlo con *tus* acciones.

La única manera de ser feliz es decidir ser feliz. Cuando asumes la responsabilidad de la felicidad de otra persona, estás intentando lo imposible y estás imponiéndote una carga de intenso dolor y discordia.

Consideremos entonces las opciones de *Dar un giro* y de los *Aspectos positivos:* permanece donde estás por ahora, no realices ningún cambio considerable en tus acciones ni en tu conducta. Es decir, si están viviendo juntos, sigue así. Si están pasando tiempo juntos, sigue así. Esta opción es un cambio en tu proceso de *pensamiento*, no en tu proceso de *acción*. Estos procesos están designados para ayudarte a enfocarte de manera distinta y para comenzar a contar la historia de tu relación, o de tu vida, en una manera que te hace sentir mejor y más empoderado.

Por ejemplo: *He estado pensando en dejar esta relación porque encuentro que no estoy feliz con ella. Pero cuando pienso en dejarla, comprendo que cuando me voy, me la llevo conmigo, y si me voy porque soy infeliz, me llevo a esa persona infeliz conmigo. La razón porque la cual deseo irme es porque quiero sentirme bien. Me pregunto si será posible sentirme bien sin tener que irme. Me pregunto si hay algo en esa relación en que pueda enfocarme que se sienta bien.*

Recuerdo cuando conocí a esta persona y cómo me sentía. Recuerdo que me sentí atraído por esta persona y dispuesto a seguir más lejos para ver qué podíamos descubrir juntos. Me gustaba la sensación de aventura. Me gustaba nuestra relación al inicio. Pienso que entre más tiempo pasábamos juntos más nos dimos cuenta de que no éramos una pareja ideal. No creo que sea cuestión de que hayamos fracasado. Que no seamos una pareja ideal no quiere decir que hay algo malo en uno de nosotros. Solamente significa que debe haber parejas potencialmente mejores para nosotros en algún lugar.

Hay muchas cosas que me gustan de esta persona y cualquiera podría apreciarla con facilidad: es inteligente, se interesa en muchas cosas, se ríe con facilidad y le encanta divertirse... me agrada que hayamos pasado tiempo juntos, y creo que un día comprobaremos el valor del tiempo compartido.

Entonces, nuestra respuesta a tu importante pregunta es esta: no puedes controlar el dolor que otra persona siente modificando *tu* conducta. Pero puedes controlar tu propio dolor dirigiendo tus pensamientos hasta que tu dolor se apacigüe y sea reemplazado por sentimientos de mejoría. *Cuando le prestas atención a lo que estás deseando, siempre te sentirás bien. Cuando le prestas atención a la ausencia de lo que estás deseando, siempre te sentirás mal. Y si le prestas atención a la ausencia de lo que otro está deseando, también te sentirás mal.*

Ustedes, como Seres físicos, están tan orientados hacia la acción, que realmente piensan que tienen que arreglar todo ahora mismo. Tu pareja no llegó a sentirse así de repente. Tu pareja no llegó ahí ni siquiera durante la relación de ustedes. Esto ha sido un largo camino. A lo largo del sendero, se han ido juntando más razones. Y así, no esperes que una conversación que están teniendo en este momento va a cambiarlo todo. Mírate a ti mismo como quien planta una semilla, una semilla fuerte, segura y poderosa. La has plantado perfectamente, y la has nutrido durante un tiempo con tus palabras, para que mucho después de que hayas partido, esa semilla continúe floreciendo en lo que se supone que se convierta.

Existen muchas relaciones en las que no es apropiado que sigan, pero jamás les diríamos que dejen una relación sintiéndose enojados, culpables o a la defensiva. Realicen primero su trabajo vibratorio, siéntanse bien, y luego dejen la relación. Y entonces lo que llegará después no será una repetición de lo acaban de dejar.

No soy responsable por las creaciones de los demás

No deben aceptar la responsabilidad por lo que los demás están haciendo en su propia experiencia de vida. Visualícenlos como emergiendo de sus carencias, y sepan que más tarde todo estará bien, y luego *ustedes* comenzarán a sentirse mejor. Incluso, pueden inspirarlos durante su sueño hacia una dirección de mejoría. Cuando piensen en ellos, véanlos felices. No traigan a sus mentes las conversaciones tristes o las despedidas. Piensen en ellos avanzando con sus vidas igual que lo están haciendo ustedes. *Confíen en que la Guía de su interior los ayudará a encontrar su propio camino.*

En donde la mayoría de ustedes tropieza cuando desea ayudar a los demás es cuando creen: *Ellos necesitan mi ayuda porque no pueden ayudarse a sí mismos, pero esta creencia los perjudica* a ellos porque muy en su interior, saben que *pueden* hacerlo y que *desean* hacerlo.

Comienza a decirle a tu pareja cosas como: "Eres una persona fantástica. Y aunque no nos hayamos conectado en todos los niveles que me hubiera gustado, sé que hay una pareja ideal esperándote, y te estoy dejando ir para que encuentres esa oportunidad maravillosa. ¡Búscala! No quiero mantenerte enjaulada aquí, cautiva de algo que ninguno de los dos desea. Deseo que los dos seamos libres para encontrar lo que ambos estamos buscando. No te estoy diciendo adiós para siempre; te estoy diciendo 'dejemos que esta relación sea diferente, que se inspire en un deseo apasionado y positivo, en vez del deseo que nos ata ante el temor de las posibles consecuencias.'"

Y luego dile a esta persona: "Cuando pienso en ti, siempre sabré que aunque ahora estés triste, un día estarás feliz. Voy a decidir verte feliz, porque así es como me gusta más verte, y también es lo que tú prefieres."

Esto puede sonar fuerte o frío. Pero nada más tiene sentido.

¿Escuchar la guía o tratar de sentirme bien?

Tienen la habilidad de dar un giro en cualquier circunstancia. No importa lo negativa que parezca, tienen la habilidad de prestar su atención a los aspectos positivos. Las únicas cosas que se interponen son sus viejos hábitos, o quizás una fuerte influencia ajena.

La mayor parte de las personas son por naturaleza personas de costumbres, y sus patrones están tan arraigados que a veces el camino más rápido hacia la alegría que buscan es dar un giro mientras duermen. Y luego despertarse a un nuevo día listos hacia la dirección que han estado deseando. Al buscar pensamientos que los hacen sentir bien antes de dormir y después experimentar el beneficio de una mente aquietada mientras duermen, y luego al despertarse, buscar de inmediato pensamientos que los hacen sentir bien, logran conseguir la máxima experiencia de *Dar un giro*. Unos cuantos días siguiendo ese patrón les ofrecerá un gran cambio en sus hábitos de pensamientos y en su punto de atracción, y descubrirán una mejoría en virtualmente todos los aspectos de su vida.

¿Qué tal si juego a *¿Qué tal si?*?

Cuando les sugerimos que encuentren los aspectos más positivos en cualquier tema de sus vidas, hay algunos que preguntan: "¿Pero y el hombre que acaba de perder su trabajo y tiene esposa y cinco hijos, debe pagar la renta en dos días y no tiene dinero para pagarla? O, ¿y la mujer a quien le llegaron soldados de la Gestapo y están a punto de asesinarla en una cámara de gas? ¿Cómo pueden dar un giro esas personas?"

Y ante esas preguntas extremas, siempre respondemos: Es como si ustedes saltaran de un avión a una altura de seis mil metros sin paracaídas, y preguntaran "Y *ahora*, ¿qué hago?" Por lo general no tienen que enfrentarse a circunstancias tan extremas de las que no parezca haber escapatoria. Sin embargo, estas situaciones extremas, con todo el drama y el trauma que atraen, también atraen un poder, que con el enfoque correcto, pueden ofrecer resoluciones ante las cuales, alguien observando desde el mundo exterior, quedaría fascinado o pensaría que son milagros.

En otras palabras, no hay ninguna situación en donde no sea posible encontrar una resolución positiva, pero ustedes tienen que ser capaces de enfocarse poderosamente con el fin de lograr dicha solución. Y la mayoría de las personas que están en ese tipo de situaciones no son adeptos a ese tipo de enfoque, razón por la cual están experimentando la situación negativa, para empezar.

Cuando están involucrados en situaciones tan extremas, de su interior surge un poder, y entonces la intensidad de su deseo los coloca en una plataforma en donde, si logran enfocarse, pueden elevarse cada vez más. Es decir, las personas que están muy enfermas están en mejor posición para sentirse *mejor* que la mayoría de los demás, porque su *deseo* de Bienestar está amplificado. Pero a menos que den un giro (que cambien su atención hacia su deseo de Bienestar y se alejen de su preocupación por las enfermedades), no pueden mejorarse.

Los animamos para que jueguen a *¿Qué tal si?*, buscando aspectos positivos. Es decir, en vez de enfocarse en su sociedad buscando ejemplos de personas con privaciones que no tienen control sobre las circunstancias de sus vidas, cuenten una historia que los haga sentir empoderados. En vez de notar la historia de las víctimas indefensas y así amplificar su propio sentimiento de ser también víctimas, cuenten una historia distinta.

Por ejemplo: *¿Qué tal si* esta mujer, antes de que la Gestapo llegue a retumbar su puerta, reconoce los rumores del Holocausto en ciernes en su comunidad semanas antes? *¿Qué tal si* deja la comunidad al tiempo que otros tantos lo hicieron? *¿Qué tal si* no le teme a lo desconocido? *¿Qué tal si* no se aferra a lo familiar? *¿Qué tal si* toma la decisión de comenzar una nueva vida en un nuevo país con su hermana y sus tíos dos semanas antes de que llegue la Gestapo a su casa?

Cuando jueguen a *¿Qué tal si?*, busquen cosas que *desean* ver. Busquen cosas que los hacen sentir mejor.

No existe ninguna situación sin salida. De hecho, hay cientos de miles de opciones prácticas en el camino pero, por costumbre, muchas personas siguen escogiendo la perspectiva de "ausencia" en situaciones hasta que eventualmente se encuentran en un lugar indeseado en donde parece que ya no hay más opciones.

Cuando mantienen su intención de buscar evidencia de Bienestar y prosperidad y éxito y felicidad, se sintonizan con las vibraciones de *estas* cosas, y ese tipo de experiencias agradables dominan su vida. *Hoy, sin importar donde vaya, sin importar lo que haga, mi intención predominante es buscar las cosas que deseo ver.*

Cuando toman la decisión de que no son simples observadores de su mundo, sino contribuyentes deliberados y positivos *a* su mundo, descubrirán gran placer al involucrarse con lo que está pasando en su planeta. Cuando son testigos de algo que no desean que pase en su mundo, en su nación, en su vecindario, en su familia, o en su cuerpo y recuerdan que tienen el poder de contar una historia distinta, y también saben el gran poder que radica en ello, entonces darán un paso hacia la exuberancia del conocimiento que, para comenzar, poseían cuando tomaron la decisión de venir a este mundo y participar en este planeta.

No pueden estar en otro lugar distinto a donde están ahora mismo, pero sí tienen el poder de comenzar a expresar su perspectiva respecto a donde están en formas cada vez mejores. Y cuando hacen eso consistente y deliberadamente, ven el evidente poder de su enfoque en todos los temas a los cuales le prestan atención.

Cuando toman la decisión de sentirse bien y buscan conscientemente aspectos positivos en los temas en los que se involucran todos los días, e identifican y se enfocan deliberadamente en lo que desean respecto a esos temas, se ubicarán en un sendero Eterno de satisfacciones y alegría.

Estos procesos son sencillos de entender y de aplicar, pero no permitan que su simpleza haga que subestimen su poder. La aplicación consistente les demostrará la influencia del poder del pensamiento alineado. Descubran el poder de la Energía que crea mundos, el poder al cual siempre han tenido acceso, pero ahora comprenden cómo aplicarlo, y enfóquense hacia su propia creación personal.

SEGUNDA PARTE

Atraer dinero y manifestar abundancia

(**Nota de la editora:** En las secciones en donde hay un diálogo entre Jerry y Abraham, el nombre del interlocutor se repite al comienzo de cada sección para mayor claridad.)

Atraer dinero y manifestar abundancia

Aunque el dinero no es absolutamente esencial para su experiencia, se puede decir que para la mayoría de las personas *dinero* y *libertad* son sinónimos. Y puesto que en la base de su ser radica una intensa conciencia de su derecho a la libertad, es obvio que su relación con el dinero sea uno de los temas más importantes de sus experiencias de vida. Por esa razón, no es sorprendente que tengan sentimientos tan fuertes respecto al tema del dinero.

A pesar de que algunas personas han descubierto la libertad de permitir que fluyan grandes cantidades de dinero a través de sus experiencias, es más común el caso de que debido a que están obteniendo menos dinero del que necesitan o desean, la mayoría de ustedes no se siente libre. Es nuestra intención ahora, explicarles claramente por qué existe esta disparidad financiera para que puedan comenzar a permitir la abundancia que desean y merecen en sus vidas. Cuando lean estas palabras y comiencen a resonar con estas verdades basadas en la *Ley*, comenzarán a alinear su deseo con la abundancia de su mundo, y la evidencia de su recién descubierta alineación será pronto aparente ante ustedes y ante aquellos que los observan.

Es posible que seas alguien que ha trabajado durante muchos años para conseguir la abundancia financiera o un joven apenas empezando el camino, la jornada hacia el Bienestar financiero no tiene porqué ser larga, no importa donde empieces. Y no requiere grandes cantidades de tiempo ni de esfuerzo físico, pues vamos a explicarte con términos sencillos y fáciles de entender cómo usar la fuerza de la Energía que está disponible para ti. Deseamos mostrarte la correlación absoluta entre los pensamientos que has estado teniendo respecto al dinero, lo que sientes cuando piensas en eso, y el dinero que fluye en tu experiencia. Cuando seas capaz de hacer conscientemente esa correlación, y decidas dirigir deliberadamente tus pensamientos acorde, tendrás acceso al poder del Universo y verás cómo el tiempo y el esfuerzo físico son en realidad irrelevantes a tu éxito financiero.

Comenzamos entonces con la sencilla premisa de tu Universo y de tu mundo: *obtienes lo que piensas*. A menudo nos dicen: "Eso no puede ser cierto, porque he deseado y pensado en el dinero desde que tengo memoria, y sigo luchando con su escasez." Y lo que les decimos es lo más importante que deben entender si desean mejorar su situación financiera: *el tema del dinero es en verdad dos temas: (1) dinero, mucho dinero, la sensación de libertad y de comodidad que la abundancia de dinero pueden ofrecer; y (2) la ausencia de dinero, no tener suficiente dinero, el sentimiento de miedo y desilusión que induce el pensamiento de la ausencia de dinero.*

A menudo, las personas asumen que puesto que están diciendo "Deseo más dinero", están hablando en términos positivos al respecto. Pero cuando están hablando de dinero (o de cualquier otra cosa) y sienten miedo o incomodidad, no están hablando del tema del dinero, sino del tema de no tener suficiente dinero. Y la diferencia es muy importante porque la primera frase atrae el dinero y la segunda lo mantiene alejado.

Es de suma importancia que sean conscientes de lo que en verdad están *pensando*; y más importante todavía, *sintiendo* respecto al dinero. Si están pensando o diciendo cosas como: "Oh, eso es hermoso, pero no puedo pagarlo," no están en posición vibratoria para permitir la abundancia que desean. El sentimiento de desilusión que está presente cuando reconocen que no pueden pagar lo que desean, es indicador de que la balanza de sus pensamientos está señalando más hacia la carencia de su deseo que hacia el deseo en sí. *Esa emoción negativa que sienten cuando reconocen que no pueden pagar algo que desean, es la forma de comprender la balanza de sus pensamientos; y la cantidad de abundancia que están experimentando en la actualidad, es otra forma de saberlo.*

Muchas personas siguen perpetuando la experiencia de "insuficiencia" en sus vidas simplemente porque no piensan más allá de la realidad que están viviendo. Es decir, si están experimentando escasez de dinero y están conscientes de eso, y hablan de eso a menudo, se mantienen en esa posición crónica. Y así, muchas personas protestan cuando les explicamos el poder de contar la historia de sus finanzas como desean que sea, en vez de como es, porque creen que debería basarse en los hechos reales.

Pero deseamos que entiendan que si siguen mirando lo *que es* y hablando de lo *que es,* no encontrarán la mejoría deseada. Pueden ver todo un desfile de rostros y lugares diferentes, pero su experiencia de vida seguirá esencialmente mostrando ausencia de cambios. Si desean cambios efectivos en sus vidas, tienen que ofrecer vibraciones sustancialmente distintas, lo cual significa que deben tener pensamientos que se *sientan* distintos.

La acción basada en la carencia no deja resultados

Jerry: Hace muchos años, cuando era propietario de un motel cerca de El Paso, Tejas, H. L. Hunt, quien en esa época era uno de los hombres más ricos de los Estados Unidos (multimillonario), me llamó por teléfono. Había comprado Ojo Caliente, un pequeño complejo turístico en Río Grande que estaba a punto de quebrar, y había escuchado que yo podía darle información útil que lo ayudara a recuperarlo. Mientras hablábamos en mi pequeña cafetería, me costaba trabajo enfocarme en nuestra conversación, porque no podía entender por qué un hombre tan rico podía seguir sintiéndose infeliz y buscando la manera de hacer más dinero. Me preguntaba por qué no vendía, más bien, el hotel a cualquier precio, y seguía con su vida disfrutando del dinero que ya había acumulado.

Tengo otro amigo que posee miles de millones de dólares. Estábamos en Río de Janeiro, Brasil, conversando en la playa, y me estaba comentando sobre algunos problemas de negocios que estaba teniendo; quedé perplejo al pensar que ese hombre tan adinerado pudiese tener *cualquier* tipo de problemas. Pero, Abraham, de ustedes he aprendido (entre tantas otras cosas), que el verdadero éxito no es cuestión de la cantidad de dinero ni cosas que poseemos, ¿no es así?

Primero que todo encontraré mi equilibrio vibratorio

Abraham: Las cosas que *poseen* y las cosas que *hacen* tienen el propósito de mejorar su estado del *ser*. Es decir, se trata de cómo se sienten; y cómo se sienten es cuestión de alinearse con *quienes en verdad son.* Cuando tienden a buscar primero su alineación, las cosas que acumulan y las acciones que llevan a cabo solo mejoran el estado de Bienestar de su ser...; pero si no encuentran primero ese equilibrio vibratorio e intentan sentirse mejor atrayendo más cosas en su experiencia, o participando en más actividades con el fin de sentirse mejor, lo único que logran es aumentar el desequilibrio.

No les estamos diciendo que dejen de acumular cosas o de realizar acciones, porque todo esto es parte esencial de su experiencia física. Es decir, su intención era tener una experiencia maravillosa explorando los detalles de su mundo físico para ayudarles a determinar personalmente su propio y gozoso crecimiento y expansión, pero siempre es desagradable intentar avanzar desde una base en desequilibrio. *Si comienzan identificando cómo desean <u>sentirse</u> o <u>estar,</u> y dejan que su inspiración <u>acumule</u> o <u>actúe</u> centrado en ese lugar, entonces no solamente mantendrán su equilibro, sino que además disfrutarán de las cosas que acumulan y de las cosas que hacen.*

La mayoría de las personas escogen sus deseos desde una posición de carencia. Desean cosas, en muchos casos, simplemente porque no las tienen, por lo tanto, tenerlas en realidad no satisface nada en lo más profundo de ellos porque siempre hay algo más que desean tener. Se convierte entonces en una lucha interminable por tratar de atraer siempre más y más (ese algo que sigue sin satisfacerlos) en sus experiencias: *Como no tengo esto, lo deseo.* Y de verdad creen que al obtenerlo llenarán ese vacío. Pero esto desafía la *Ley*.

Cualquier acción que se tome desde un lugar de carencia es siempre contraproductiva, y siempre conlleva a más sentimientos de carencias. El vacío que sienten estas personas no puede llenarse con cosas ni satisfacerse con acciones, porque el sentimiento de vacío está relacionado con la discordia vibratoria entre sus deseos y sus hábitos crónicos de pensamientos.

Para llenar ese vacío, deben ofrecer pensamientos que los hagan sentir mejor, contar una historia diferente, buscar aspectos positivos; *Dar un giro* hacia el tema que realmente desean, buscar un *qué tal si* positivo. Y cuando lo hacen, algo muy interesante ocurre: las cosas que han deseado comienzan a fluir en su experiencia. Pero estas cosas que han deseado fluirán, no para llenar su vacío, porque ese vacío ya no existirá, sino fluirán *porque* su vacío ya no existe.

Ciertamente, acumularán muchas cosas maravillosas en su experiencia. *Nuestro mensaje no es que dejen de desear, tener o hacer. Nuestro mensaje es que deseen y acumulen y hagan desde el lugar en donde se sienten bien.*

Ni el dinero ni la pobreza brindan alegría

Jerry: Abraham, hay un refrán que dice que el dinero no brinda la felicidad. Por otro lado, he notado que la pobreza tampoco lo hace, pero sigue siendo obvio que el dinero no es el *sendero* hacia la felicidad. Entonces, si la *idea* de lograr algo nos brinda felicidad, ¿quiere eso decir que la *consecución* de algo es una meta apropiada para nosotros? Y, ¿cómo puede una persona mantener su sentido de felicidad cuando lograr sus metas le toma tanto tiempo y energía? A menudo, parece que hay que subir una especie de colina hasta lograr la meta; y luego hay como una planicie en donde uno descansa por un momento, pero entonces hay que seguir con la tediosa ascensión para lograr la meta siguiente.

¿Cómo hace una persona para seguir siempre ascendiendo hacia sus metas gozosamente sin que haya que batallar y batallar y batallar, para llegar finalmente a decir: "¡Lo logré!" y luego seguir batallando y batallando y batallando, para decir entonces: "¡Oh, lo logré de nuevo!"?

Abraham: ¡Estás en lo cierto! El dinero no es el sendero a la felicidad; y como has observado, la pobreza ciertamente tampoco lo es.

Es muy importante recordar que cuando ofrecen cualquier acción con el propósito de lograr la felicidad, en realidad están yendo en reversa. En vez de esto, usen su habilidad para enfocar sus pensamientos y palabras hacia cosas que los hagan sentir cada vez mejor; y una vez que hayan logrado deliberadamente un estado de felicidad, no solamente se sentirán *inspirados* hacia acciones maravillosas, sino que, además, llegarán resultados maravillosos.

La mayoría de las personas presta la mayor parte de su atención a lo que está ocurriendo en su experiencia en ese momento, lo cual quiere decir que si el resultado les agrada, se sienten bien, pero si el resultado no les agrada, se sienten mal. Pero eso en verdad es ir por la vida de la forma más difícil. Si solamente tienen la habilidad de ver *lo que es,* entonces las cosas no pueden mejorar. Deben encontrar una manera de ver con optimismo el futuro para lograr cualquier mejoría en su experiencia.

Cuando aprenden deliberadamente a enfocar sus pensamientos hacia cosas que los hacen sentir bien, no es difícil encontrar la felicidad y mantenerla, incluso antes de lograr sus metas. El sentimiento de lucha que acabas de describir ocurre debido a la continua comparación entre donde están ahora mismo en relación con la meta que pretenden lograr. Cuando llevan constantemente un puntaje, advirtiendo el camino que todavía debe ser recorrido, amplifican la distancia, la tarea y el esfuerzo, y por esa razón, sienten que es una lucha y un ascenso tan empinado.

Cuando están atentos a cómo se sienten, y escogen pensamientos basados en sus sentimientos, desarrollan patrones de ideas que anticipan mejores cosas. Y como la *Ley de Atracción* responde a esos pensamientos que los hacen sentir mejor, obtienen más resultados agradables. *Batallar, batallar y batallar jamás conduce a un final feliz.*

Esto desafía la Ley. "Cuando lo logre, seré feliz" no es una posición mental productiva porque a menos que seas feliz, no puedes lograrlo. Cuando decidas primero ser feliz, entonces lo lograrás.

Estoy aquí como un creador alegre

Abraham: Ustedes no están aquí para acumular o reproducir maquinalmente. Están aquí como *creadores*. Cuando están anticipando un lugar adonde llegar, exageran el sentimiento de carencia entre donde están y el lugar de llegada, y ese hábito de pensamientos no solamente desacelera el progreso de su creación, sino que, además, los separa de ella indefinidamente. *Ustedes son quienes atraen sus experiencias. Cuando buscan aspectos positivos y hacen el esfuerzo de encontrar pensamientos que los hacen sentir bien, se mantienen en un lugar de atracción positiva y lo que desean llega más rápidamente.*

El escultor de una obra de arte no obtiene su mayor satisfacción ante la pieza terminada. Es el proceso de la creación (esculpir la pieza) lo que le proporciona placer. Así es que deseamos que vean su experiencia física de crear: *continua y siempre alegre.* Cuando enfocan su atención en las cosas que los hacen sentir bien y logran un estado consistente de alegría, están en la posición de atraer más de todo lo que desean.

Algunas veces, las personas se quejan de que es injusto que tengan primero que ser felices antes de poder atraer más felicidad hacia ellos. Creen que cuando son infelices, "necesitan" que les ocurran eventos agradables para estar felices; pero cuando ya están felices, esos eventos se vuelven innecesarios, aunque eso desafiaría la *Ley de Atracción. Deben encontrar la forma de sentir la esencia de lo que deseen antes de que los detalles de ese deseo puedan llegarles. Es decir, tienen que comenzar a sentir que son más prósperos antes de que la prosperidad pueda llegar.*

Con frecuencia, muchas personas nos dicen que desean más dinero, y cuando les preguntamos cuál es su balance de ideas relacionadas al dinero, proclaman que han tenido una actitud muy positiva al respecto. Pero cuando sondeamos con mayor profundidad, cuando les preguntamos cómo se sienten cuando pagan sus cuentas, con frecuencia se dan cuenta que aunque han intentado sonar positivos, en realidad se han preocupado mucho, incluso han sentido miedo respecto al tema del dinero. Es decir, a menudo sin darse cuenta, la mayoría de sus pensamientos respecto al dinero han estado del lado de *la insuficiencia* del tema en vez del lado de la *abundancia* del tema.

El poder de gastar vibratoriamente dinero vibratorio

Abraham: Ahora les presentamos un proceso que puede ayudarlos rápidamente a girar el balance de sus pensamientos respecto al dinero, hacia un lugar en donde pueden comenzar a dejar que el dinero fluya con facilidad en su experiencia. Coloquen cien dólares en sus bolsillos y llévenlos siempre con ustedes. Mientras el día avanza, adviertan deliberadamente todas las cosas que podrían intercambiar por ese dinero: "Podría comprar eso, podría comprar aquello."

Alguien nos dijo que en realidad, como está hoy en día la economía, con cien dólares no es mucho lo que se puede comprar, pero le explicamos que si hoy gastan mentalmente cien dólares mil veces, habrán gastado vibratoriamente cien mil. Ese tipo de enfoque positivo cambia dramáticamente su balance vibratorio relacionado al dinero. Este proceso vibratorio de gastar dinero hará que se sientan distintos al respecto; y cuando eso ocurra, su punto de atracción cambiará y fluirá más dinero en su experiencia. *Es la Ley.*

Alguien nos dijo: "Abraham, como no tenía cien dólares, puse un pagaré por esa suma en mi bolsillo." Y le dijimos que eso era hacer que el proceso fracasara de antemano porque andarían con un *sentimiento* de deuda en sus bolsillos, lo cual es exactamente lo opuesto a lo que desean hacer. Desean *sentir* su prosperidad. Entonces, ya sean veinte, cincuenta, mil o diez mil dólares los que coloquen en su bolsillo, *úsenlos efectivamente para ayudarlos a advertir en el presente lo bien que están las cosas.* Pues en el reconocimiento de su prosperidad *actual,* debe incrementar su prosperidad.

Necesitar dinero no lo atrae

Jerry: Abraham, una de mis desilusiones mayores cuando trabajaba con personas para ayudarlos a tener un mayor éxito financiero es que las personas que *más necesitaban* dinero eran las que *menos* éxito tenían con mis enseñanzas, mientras que las personas que *menos* lo *necesitaban* eran quienes *más* éxito tenían. Eso siempre me pareció absurdo: yo creía que aquellos que más lo necesitaba, lo intentarían con más ardor y eventualmente, terminarían teniendo éxito.

Abraham: Todo aquel que se encuentre en un lugar de carencia, sin importar todo lo que haga, atraerá más carencia. Es decir, el poderoso *sentimiento* pesa más que cualquier *acción* que ellos ofrezcan. *Cualquier acción que sea ofrecida desde un lugar de carencia es siempre contraproductiva.* Aquellos que no sentían la necesidad del dinero no estaban en un lugar de carencia, y por esa razón su acción fue productiva. Su experiencia estaba en armonía absoluta con la *Ley de Atracción* al igual que en cualquier experiencia. No hay un ápice de evidencia en ningún lugar del Universo que se oponga a lo que les estamos diciendo.

Jerry: También noté que en su gran mayoría, las personas que lograban poco éxito, o no estaban interesadas ni siquiera en hablar sobre tener éxito, eran personas a quienes les habían enseñado que tener dinero era malo o inmoral, y que lo mejor para ellos era quedarse donde estaban aunque eso no los satisficiera.

Abraham: La razón por la cual muchas personas llegan a un punto en donde dicen que no sienten deseos es porque han deseado y deseado y deseado, pero como no habían entendido que todo tema es en realidad dos temas, le habían prestado mucha más atención a la carencia de lo que deseaban en vez de a lo que deseaban. Y así siguieron atrayendo la carencia de lo que deseaban. Y, eventualmente, quedaron agotados. Cuando una persona comienza tanto a asociar desear con no tener que desear se convierte en una experiencia desagradable; esa persona dice: "Prefiero no volver a desear nada, porque cada vez que deseo algo, me siento mal después; es más fácil para mí no desear nada."

¿Qué pasa si un "pobre" no se siente pobre?

Jerry: Si alguien lo ve a uno y se compara con uno, y llega a la conclusión de que uno es pobre pero *uno* no se *siente* pobre, entonces uno no estaría en estado de carencia, y por lo tanto, en ese caso uno sería capaz de avanzar con mayor rapidez hacia la abundancia, ¿es cierto?

Abraham: Correcto. La forma en que los demás te valoran no influye en tu punto de atracción a menos que te preocupe su opinión. Comparar tu experiencia con la de los demás puede incrementar un sentimiento de carencia en tu interior si llegas a la conclusión de que ellos han tenido más éxito que tú; y luego activas en tu interior un sentimiento de que eres "menos que." Además, notar la falta de prosperidad en los demás no te coloca en un lugar para atraer mayor prosperidad hacia ti, porque obtienes lo que piensas.

Lo que atraes o alejas de ti no tiene nada que ver con lo que los demás están haciendo. *Un mejor sentimiento de prosperidad, incluso si tu situación actual no justifica el sentimiento, siempre atraerá más prosperidad hacia ti. Poner atención a lo que* tú *sientes respecto al dinero es una actividad mucho más productiva que advertir lo que los demás están haciendo.*

Permitir que más dinero fluya en tu experiencia requiere mucho menos de lo que las personas creen. Lo único que se requiere es lograr el balance vibratorio de tus propios pensamientos. Si deseas más dinero, pero dudas que puedes lograrlo, no estás en balance.

Si deseas más dinero pero crees que es malo tener dinero, no estás en balance. Cuando sientes estas emociones de incompetencia, inseguridad, envidia, injusticia, ira y demás, tu *Sistema de Guía Emocional* te está advirtiendo que estás fuera de alineación con tu propio deseo.

La mayoría de las personas no hacen ningún esfuerzo en conseguir la alineación personal con el tema del dinero. Más bien, pasan años, incluso vidas enteras, señalando las injusticias, tratando de definir lo bueno y lo malo del tema. E incluso tratan de poner leyes que orquesten el flujo del dinero en la civilización, cuando un esfuerzo más bien pequeño, en comparación con lo imposible que es intentar controlar esas circunstancias externas, les dejaría un beneficio enorme.

Nada es más importante que sentirse bien, porque cuando se sienten bien, están en armonía con su intención mayor. Muchos creen que el trabajo arduo y las dificultades no solamente son un requisito para lograr el éxito, sino que trabajar arduamente y batallar por años es una forma más honorable de vivir la vida. Esos duros años de sufrimiento en verdad los ayudan a definir lo que desean, pero hasta que no liberen el sentimiento de sufrimiento, lo que desean no puede llegar a sus vidas.

A menudo las personas sienten que necesitan demostrar su mérito, y que una vez que lo logran, entonces, y sólo entonces, recibirán las recompensas. No obstante, deseamos que sepan que ustedes ya son merecedores de todo, y que probar que lo son no es solamente imposible, sino además innecesario. Lo que *sí* es necesario para recibir las recompensas, o los beneficios que desean, es la alineación con la esencia de esos beneficios. Tienen primero que colocarse en alineación vibratoria con las experiencias que desean vivir.

Reconocemos que las palabras no enseñan y que nuestro conocimiento, respecto a las *Leyes del Universo* y a su mérito, no necesariamente significa que ahora que han leído nuestras palabras reconocen su mérito. Sin embargo, cuando consideran las premisas que estamos presentando ante ustedes aquí, y cuando comienzan a aplicar los procesos que les sugerimos, sabemos que la respuesta del Universo a su vibración mejorada les dará la evidencia de la existencia de estas *Leyes*.

No se tomará mucho tiempo, y no requerirá demasiada aplicación deliberada de lo que aquí están leyendo, antes de que se convenzan de su propio mérito y de su habilidad para crear todo lo que desean. La razón más importante por la cual las personas no creen en su propio mérito es porque a menudo no han encontrado una manera de obtener lo que desean, entonces asumen equivocadamente que alguien fuera de ellos no los aprueba y que de alguna manera les está siendo retenida su recompensa. Esto jamás es cierto. Ustedes son los creadores de su propia experiencia.

Digan frases como: *Deseo ser lo mejor que puedo ser. Deseo hacer y tener y vivir de manera que esté en armonía con mi idea de la máxima calidad de vida. Deseo armonizarme físicamente aquí en este cuerpo con lo que creo que es la mejor forma de vivir.* Si dicen estas frases y luego no hacen nada hasta sentirse bien, siempre avanzarán hacia el sendero de la armonía con su idea de lo que es bueno.

¿Cuál es mi historia sobre la "abundancia financiera"?

Abraham: Creer en la escasez es la razón por la cual la mayoría de las personas no se permiten la abundancia financiera que desean. Cuando creen que existe un cúmulo finito de abundancia y que no hay suficiente para todo el mundo, sienten que es injusto que alguien tenga más que los demás, que porque alguien tiene algo está privando a los demás de tenerlo, y se están manteniendo alejados de la abundancia. La constitución del éxito de los demás no es responsable de su falta de éxito, sino más bien su comparación negativa y su atención a la ausencia de su propio deseo. Cuando sienten emoción negativa al acusar a otros de injusticias o de derrochar o acaparar riquezas, o cuando sencillamente creen que no hay suficiente para todos, se mantienen en la posición de negar su propia condición mejorada.

Lo que cualquiera tenga o haga no tiene nada que ver con ustedes. Lo único que afecta su experiencia es la forma como utilicen la Energía

No Física con sus pensamientos. Su abundancia o carencia de ella en su experiencia no tiene nada que ver con lo que nadie esté haciendo o teniendo. Solamente tiene que ver con su perspectiva. Solamente tiene que ver con lo que ustedes piensan. Si desean que su fortuna cambie, comiencen a contar una historia distinta.

Muchas personas critican a aquellos que viven bien, que acumulan tierras, dinero y cosas; y ese criticismo es síntoma de su propio hábito de pensar en carencias. Desean sentirse bien y a menudo creen que si eso que ellos no han conseguido hacen que sea "malo", se sentirán mejor; pero nunca se sienten mejor porque su atención a la carencia perpetúa la carencia en todo lo que ellos observan. No se sentirían incómodos viendo los logros de los demás si no fuera porque esos mismos logros no estuviera representados en sus vidas. Y ese criticismo que mantienen con frecuencia vivo en ellos, solamente les sirve para mantener la discordancia vibratoria con lo que desean.

Es decir, si alguien te llama por teléfono y te dice: "Hola, no me conoces pero te estoy llamando para decirte que jamás volveré a llamarte," no sentirías emoción negativa respecto a la ausencia del interlocutor en tu vida, porque, para empezar, su presencia no era algo que deseabas. Pero si alguien por quien sientes cariño te anuncia algo así, sentirías una emoción negativa muy fuerte porque tu deseo y tu creencia estarían en conflicto.

Cuando sienten emoción negativa respecto a algo, siempre significa que sienten un deseo que ha brotado de su propia experiencia personal, el cual está ahora mismo en oposición con sus demás pensamientos. *La discordancia vibratoria siempre es la razón para la emoción negativa. Y la emoción negativa siempre es la guía para ayudarlos a dirigir de nuevo sus pensamientos, con el fin de encontrar la alineación vibratoria con <u>quienes en verdad son</u> y con sus deseos actuales.*

¿Qué pasa cuando los pobres critican a los ricos?

Jerry: Cuando era niño me pasaba casi todo el tiempo con personas pobres y solíamos burlarnos de los ricos, criticábamos a los dueños de autos lujosos, por ejemplo. Después, con el tiempo, cuando llegó la hora en que deseé tener un Cadillac, no lograba estar en paz con la idea de conducir uno de esos autos porque sentía que se burlarían de mí al igual que yo me había burlado de ellos. Entonces compré un Mercedes porque hace años se creía que eran autos "económicos".

La única forma en que llegué a persuadirme de tener un Cadillac, lo que hice finalmente, fue encausar de nuevo mis pensamientos diciendo: *Y bien, al comprar este carro, estoy haciendo que todas las personas que lo ensamblaron puedan seguir trabajando. He creado empleos para todas las personas que suministraron las piezas y los materiales, el cuero, el metal, el vidrio y los artesanos y demás...* Y con esta justificación fui entonces capaz de comprar el auto. De alguna manera, descubrí un proceso de encausar de nuevo mis pensamientos que me ayudó a permitirme ese símbolo de éxito en mi experiencia.

Abraham: Tu proceso de encausar de nuevo tus pensamientos es muy efectivo. Cuando deseas sentirte bien y encuentras gradualmente pensamientos que te hacen sentir mejor, te estás colocando en alineación con tu deseo y estás liberando la resistencia que está evitando mejorar tus condiciones. *Enfocarse en las opiniones opuestas de los demás jamás es productivo porque siempre causa discordia en tu interior, lo cual también evita que mejore tu condición. Siempre habrá alguien que esté en desacuerdo contigo, y tu atención a ellos siempre causará que estés en desacuerdo <u>vibratorio</u> con tus propios deseos. Escucha tu propio <u>Sistema de Guía</u> prestando atención a cómo te sientes, con el fin de determinar si tus deseos y conductas son apropiados.*

Siempre habrá alguien, sin importar qué lado de cualquier tema escojan, que no armonice con ustedes. Y por eso es que hablamos con tanta firmeza y deseamos tanto que entiendan, que su conducta más grandiosa es encontrar armonía con *quienes en verdad son*. Si confían en ustedes, si pueden creer que a través de todo lo que han vivido han llegado a tener un conocimiento profundo, y pueden confiar en lo que sienten como su forma personal de Guía respecto a lo apropiado o inapropiado de lo que están contemplando hacer, entonces estarán usando su *Sistema de Guía* de la forma en que se supone que en verdad lo hagan.

¿Qué pasa si nuestro dinero pierde valor?

Jerry: Abraham, en el pasado, nuestro dinero consistía principalmente en monedas de metal que tenían un valor por sí mismo: la pieza de oro de veinte dólares valía realmente su precio en oro; y la pieza de plata de un dólar valía su equivalente. De esa forma, parecía sencillo comprender el valor de la moneda. Pero ahora nuestra moneda de por sí no tiene valor real; el papel y las monedas básicamente no tienen valor alguno.

Siempre he apreciado la conveniencia del dinero como forma de intercambiar bienes y talentos en vez de cambiar un pollo por un envase de leche o por una canasta de papas. Pero ahora nuestro dinero está devaluado artificialmente, y se ha vuelto cada vez más difícil entender realmente el valor de un dólar. Es decir, me recuerda la búsqueda de mi propio valor: "¿Cuánto vale mi talento? ¿Cuánto debo pedir a cambio por el tiempo y la energía que invierto?" Pero ahora, estoy aprendiendo de ustedes que no debemos considerar nuestro valor de esa manera. Debemos solamente considerar lo que deseamos y luego permitirlo.

Estoy consciente de que muchas personas se sienten inseguras respecto a su situación financiera porque sienten que no tienen control sobre lo que puede ocurrir con el valor del dólar, porque parece que típicamente es solamente un grupo de personas quienes lo controlan o lo manipulan. Muchos se preocupan de que haya más inflación o de que venga una depresión. Me gustaría que las personas comprendieran lo que ustedes nos han estado enseñando sobre la *Ley de Atracción*, para que no se preocupen con las cosas que están fuera de su control como el valor del dinero.

Abraham: Acabas de dar en el clavo en algo esencial respecto al tema del dinero porque tienes toda la razón, muchos de ustedes reconocen que los dólares de hoy en día no valen lo mismo que solían hacerlo. Pero eso es otra posición de carencia en la cual se mantienen con firmeza, evitando atraer la abundancia que les pertenece.

Deseamos que entiendan que el dólar y su valor asignado no son tan importantes para su experiencia como creen; y que si pudieran prestarle toda su atención a lo que desean, en función de *ser* y luego *tener* y luego *hacer,* que todo ese dinero, o cualquier otro medio para atraerles lo que desean, podría fluir con facilidad y sin tanto esfuerzo en su experiencia.

Siempre regresamos a los mismos términos: *desde su lugar de carencia no pueden atraer su opuesto. Por eso lo que realmente importa es ajustar sus pensamientos para que lo que piensen armonice con lo que se siente bien en su interior.*

Cada pensamiento que tienen vibra, y atraen en virtud de ese pensamiento vibratorio. Cuando tienen un pensamiento de carencia, éste está vibrando en un lugar que es tan distinto a lo que su *Ser Interior* reconoce ser, que su *Ser Interior* no puede resonar con ustedes en lo absoluto, y el sentimiento resultante en su interior es una emoción negativa. Cuando tienen un pensamiento de éxtasis, abundancia o Bienestar, estos sí armonizan con lo que su *Ser Interior* sabe que es. Y en estas condiciones se llenan de un sentimiento de emoción positiva.

Pueden confiar en lo que sienten como un indicador para saber de qué lado del tema (que en realidad son dos temas) están. *Ya sea el tema de dinero o de carencia de dinero, de salud o de carencia de salud, de una relación o de la carencia de una relación, <u>siempre que se sienten bien están en camino a traer lo que desean.</u>*

¿Cómo invertir una espiral en picada?

Jerry: Cuando veía personas pasando por problemas financieros, solía preocuparme por ellas. Veía cómo descendían cada vez más y más y más en una espiral en picada hasta que finalmente quebraban y se declaraban en bancarrota. Pero luego, al poco tiempo, compraban un nuevo bote, un nuevo auto lujoso y otra casa hermosa. Es decir, nadie de los que vi permaneció en la pobreza. Pero, ¿por qué no pudieron detener esa espiral en picada en medio del camino y comenzar su ascenso un poco antes? ¿Por qué tantos de ellos tuvieron que tocar fondo antes de comenzar a levantarse?

Abraham: La razón de cualquier espiral en picada es la atención a la carencia. En su miedo de perder algo, o en su atención a las cosas que estaban perdiendo, se enfocaron en la carencia de lo que deseaban; y mientras ese fue su punto de atención, solamente podían atraer más pérdidas. Cuando se sintieron cautelosos o a la defensiva, o cuando comenzaron a justificar, a racionalizar o a reprochar, estuvieron del lado de la carencia en la ecuación y solamente podían atraer más carencias en su experiencia.

Pero una vez que tocaron fondo y ya no podían ser cautelosos porque no tenían nada más que perder, su atención cambió, y también su vibración, por lo cual giró el punto de atracción. Tocar lo que para ellos era el fondo, hizo que comenzaran a mirar para arriba. Podríamos decir que los forzó a comenzar a contar una historia diferente.

Tu experiencia de vida ha hecho que hayas pedido muchas cosas maravillosas que están en camino hacia tu vida, pero tu preocupación, duda, temor, resentimiento, reproche o envidia (o cualquier emoción negativa) indicaría que los pensamientos predominantes que estás teniendo, estarían reteniendo y alejando esas cosas. Es como si los hubieras traído hasta tu puerta, pero la puerta estuviera cerrada. Cuando comienzas a contar una historia diferente de las cosas que podrías comprar con un billete de cien dólares, mientra te relajas y te enfocas más en los aspectos positivos de tu vida, cuando escoges más deliberadamente el extremo que se siente bien en la vara vibratoria, esa puerta se abre y las manifestaciones de esas cosas, experiencias y relaciones deseadas inundarán tu vida.

Una guerra contra la guerra es una guerra

Abraham: Reconocer que son los creadores de su propia experiencia, y aprender a hacerlo deliberadamente dirigiendo sus pensamientos, es un ajuste para la mayoría de las personas porque llevan mucho tiempo creyendo que *hacen* que las cosas pasen a través de la *acción*. No solamente han creído erróneamente que la acción es lo que hace que las cosas pasen, sino además han creído que si aplican suficiente presión a las cosas indeseadas, las alejarán. Esta es la razón por la cual ustedes tienen una "guerra contra la pobreza" y una "guerra contra las drogas" y una "guerra contra el SIDA" y una "guerra contra el terrorismo."

Y aunque pueden creer que presionar esas cosas indeseadas hará que salgan de su vida, así no es que funcionan las *Leyes del Universo*, y esa no es la prueba de su experiencia, porque todas esas guerras cada vez son mayores. *La atención a la carencia de lo deseado causa que se incremente y se acerque más a ustedes, así como enfocarse en lo <u>deseado</u> causa que se incremente y se acerque más a ustedes.*

Cuando se relajan en su Bienestar natural, cuando dicen frases como: "Anhelo la abundancia, y confío en las *Leyes del Universo*; he identificado las cosas que deseo, y ahora me voy a relajar y a permitirlas en mi experiencia", les llegará más de lo que desean. Si su situación financiera se siente como una lucha, están alejando su Bienestar financiero aun más, pero cuando comienzan a sentir alivio respecto a su situación financiera, están permitiendo que fluya más abundancia en su experiencia. Así de sencillo es.

Entonces, cuando ven a otros atrayendo con éxito dinero y sienten emoción negativa al respecto, esa es la señal de que su pensamiento actual no está permitiendo la abundancia que desean en su experiencia. *Cuando critican la forma en que otras personas han atraído su dinero o lo usan, están alejando el dinero de sus vidas. Pero cuando comprenden que lo que los demás hagan con su dinero no tiene nada que ver ustedes, y que su labor primaria es pensar y hablar y hacer lo que se siente bien para ustedes, entonces estarán en alineación no solamente con el tema del dinero, sino con todos los temas importantes de su vida.*

¿Podemos tener éxito sin talento?

Jerry: ¿Qué influencia tiene el talento o las habilidades respecto a atraer abundancia o dinero a nuestras vidas?

Abraham: Muy poca. En su mayor parte, todos esos son aspectos relativos a la *acción,* y su *acción* es apenas responsable de una minúscula parte de lo que les llega. Sus *pensamientos* y *palabras* (palabras que sean *pensamientos* articulados) son la razón por la cual su vida se desarrolla de la manera en que lo hace.

Jerry: Entonces, ustedes dirían que las personas que no poseen una habilidad o un talento de utilidad pueden de todas maneras recibir toda la abundancia financiera que desean en sus vidas?

Abraham: Por supuesto que sí, a menos que se comparen con los demás (y concluyan que ellos no poseen ningún talento o habilidad de utilidad), se sientan menos que los demás y, por lo tanto, derrotados en su propia experiencia con su propia expectativa.

La habilidad más valiosa que cualquiera puede llegar a desarrollar es la habilidad de dirigir sus pensamientos hacia lo que desean, convertirse en peritos de la evaluación rápida de situaciones, y luego llegar rápidamente a la conclusión de lo que más desean, y después dedicarle su atención absoluta a eso. Dirigir sus propios pensamientos es una habilidad extraordinaria, para que rindan resultados que no pueden ser comparados con los que la sola acción puede proveer.

¿Podemos recibir sin dar?

Jerry: ¿Cómo pueden entonces las personas superar la creencia de que deben *dar* lo que vale el valor de un dólar para *obtener* algo del valor de un dólar?

Abraham: Su conocimiento de todas las cosas proviene solamente de su experiencia de vida, pero su experiencia de vida proviene de los pensamientos que tienen. Entonces, aunque hayan deseado algo durante mucho tiempo, si sus pensamientos han estado enfocados en la ausencia de eso, no les llegará. Por lo tanto, desde su experiencia personal, llegan a la conclusión de que *no es* posible, o que *es* una lucha. En otras palabras, llegan a conclusiones muy válidas sobre lo duras que son las cosas cuando su vida ha sido difícil.

Es nuestro deseo que entiendan lo que radica verdaderamente en la base de esa lucha creada por ustedes mismos. Deseamos que comiencen con una premisa distinta y comprendan las *Leyes* de la base de todas las cosas. Una nueva comprensión de las *Leyes del Universo* y su disposición a comenzar a contar una historia diferente, les ofrecerá resultados diferentes; y esos resultados diferentes les darán a la vez creencias o conocimientos diferentes.

Tú y sólo tú puedes evaluar tu efectividad. Nadie tiene la habilidad de discernir en dónde estás en relación con donde deseas estar, y nadie puede decidir en dónde deberías estar, solamente tú.

Ellos desean ganarse la lotería

Jerry: Muchas personas están esperando que les llegue algún tipo de golpe de fortuna que los saque de deudas y los libere de tener que trabajar en algo que no desean para tener que ganar dinero. Lo que más oigo decir es que desean ganarse la lotería, en donde obtienen su abundancia a costa de alguien que pierde la suya.

Abraham: Si sus *expectativas* están en un lugar en que lo permiten, esa sería la forma en que les llegaría el dinero. Pero la mayoría conoce las probabilidades de ganar y por eso sus *expectativas* de ganar la lotería tampoco están en un lugar tan poderoso.

Jerry: Entonces, ¿cuál es la diferencia entre *esperar ganar* y tener *expectativas de ganar?*

Abraham: Así como *esperar* es más productivo que *dudar*, tener *expectativas* es mucho más productivo que *esperar*.

Jerry: Entonces, ¿cómo puede la gente tener expectativas de algo que su experiencia de vida todavía no les ha demostrado? ¿Cómo puede uno tener expectativas de algo que no ha experimentado?

Abraham: Ustedes no tienen que *tener* dinero para *atraer* dinero, pero no pueden *sentirse pobres* y atraer dinero. La clave es: tienen que encontrar la forma de mejorar lo que sienten desde donde están antes, de que las cosas comiencen a cambiar *mermando la atención hacia las cosas que están saliendo mal, y comenzando a contar historias que se inclinan más hacia la dirección de lo que desean, en vez de hacia la dirección de lo que tienen, su vibración girará, su punto de atracción girará y obtendrán resultados diferentes. Y en poco tiempo, debido a los resultados diferentes que están obteniendo, tendrán creencias o conocimientos respecto a la abundancia que perpetuarán fácilmente más de lo mismo. Las personas dicen con frecuencia: "La riqueza atrae más riqueza y la pobreza atrae más pobreza," y esta es la razón.*

Busquen razones para sentirse bien. Identifiquen lo que desean, y mantengan sus pensamientos en un lugar en que se sientan bien.

Vivir en abundancia no es algo "mágico"

Abraham: Mientras les explicamos desde nuestra perspectiva, la naturaleza abundante de su Universo, y el potencial de abundancia que están siempre disponibles para ustedes, comprendemos que nuestro conocimiento no se convierte en su conocimiento solamente por leer nuestras palabras. Si les preguntáramos si pueden confiar en lo que les decimos, o "simplemente tratar" de comprender, ustedes no podrían adoptar nuestra comprensión como la suya, porque es solamente su propia experiencia de vida lo que les aporta su conocimiento.

Las creencias que mantienen como resultado de su propia experiencia son muy fuertes, y comprendemos que no pueden liberarlas de inmediato y reemplazarlas con otras, aunque pensamos que existen creencias mucho más productivas que pueden fomentar. Pero hay algo que pueden comenzar hoy, que marcará una profunda diferencia en la manera en que se desarrolla su vida, y no requiere que se deshagan de inmediato de las creencias actuales: *comiencen a contar una historia mejor y más positiva acerca de su vida y de las cosas que son importantes para ustedes.*

No escriban su historia como un documento real, comparando todas las ventajas y las desventajas de su experiencia, más bien, cuenten una historia edificante, fantástica, mágica, de las maravillas de su propia vida y observen lo que sucede. Será mágica la forma en que sus vidas comienzan a transformarse ante sus propios ojos, pero no es magia. Es el poder de las *Leyes del Universo* y su alineación deliberada con esas *Leyes.*

¿Cambiar libertad por dinero?

Jerry: Y bien, sé que hemos titulado este libro *El dinero y la Ley de Atracción,* pero se trata más de atraer *abundancia* en todas las áreas de nuestras vidas. Desde mi niñez, nosotros (los estadounidenses) hemos venido luchando fuertemente contra el crimen. Pero hay mucho más crimen ahora que cuando yo era un niño. Hace poco leí que nuestra nación tiene el índice más elevado de prisioneros en cárceles que cualquier otro país del mundo "libre".

Hemos venido luchando contra las enfermedades y, sin embargo, hay más hospitales y más enfermos que nunca, hay mucho más sufrimiento físico en esta nación en función del porcentaje de lo que jamás he visto.

Llevamos mucho tiempo yendo en contra de las guerras en nuestra búsqueda de paz mundial y, sin embargo, parece que hace poco tiempo todos decíamos llenos de júbilo: "¿No es maravilloso [cuando de derrumbó el muro de Berlín] que podamos estar finalmente en paz?" Pero apenas llegamos a respirar profundamente y ya estábamos de nuevo en otra serie de guerras; y ahora, *estamos* erigiendo todavía más muros alrededor de *esta* nación.

Además, escucho hablar mucho sobre el abuso infantil y el maltrato de otras personas, y cuanto más escucho hablar de atacar el abuso infantil, más escucho hablar sobre abuso infantil.

Parece que todo lo que intentamos hacer para detener lo que no deseamos, no está funcionando. Pero el área en donde esta nación parece seguir hacia una dirección positiva, es el área de la *abundancia*. Tenemos tanta comida y dinero que podemos darle al mundo nuestro exceso de abundancia; veo muchas más cosas materiales en manos de más personas en este país que durante mis primeros años de vida, entonces ha habido algunos cambios positivos aquí.

Pero muchas personas, en su búsqueda de mayor abundancia financiera, parecen perder un poco su libertad personal como un canje por el dinero que obtienen. Parece que las personas que tienen mucho tiempo libre, tienen tan poco dinero que no disfrutan de su tiempo. Y entonces están las personas con más dinero, pero poco tiempo para disfrutarlo. Pero es raro encontrar a alguien que tenga un flujo abundante de dinero combinado con el tiempo para disfrutarlo. Abraham, ¿podrían por favor ofrecernos su perspectiva respecto a mi percepción?

Abraham: Ya sea que se enfoquen en la carencia de dinero o en la carencia de tiempo, siguen enfocados en la carencia de algo que desean y por lo tanto manteniéndose en resistencia hacia las cosas que desean. Su emoción negativa puede deberse a sus sentimientos de carencia de tiempo o de dinero, pero sigue siendo negativa y siguen en estado de resistencia, por lo tanto están alejando lo que realmente desean.

Cuando sienten que no tienen suficiente tiempo para hacer todas las cosas que necesitan o desean, su atención a la carencia los impacta negativamente mucho mas de lo que piensan. *Un sentimiento de estar abrumados es indicador de que se están negando acceso a las ideas, citas, condiciones y todos los asuntos de cooperación que podrían asistirlos si no los estuvieran bloqueando. Es un ciclo incómodo en donde sienten la carencia de tiempo, se enfocan en su sobrecargada agenda, y se sienten abrumados; y en todo eso, ofrecen una vibración que hace que las cosas que los pueden hacer sentir mejor sean imposibles.*

Tienen que comenzar a contar una historia diferente porque no pueden seguir comentando lo mucho que tienen que hacer sin alejar la ayuda. Existe un Universo cooperativo al alcance de sus manos, listo para ayudarlos en más formas de las que pueden imaginarse, pero se niegan ese beneficio mientras siguen quejándose de todo lo que tienen que hacer.

Cuando sienten que no tienen suficiente dinero, su atención a la carencia del dinero bloquea las posibilidades de atraer más, pues es imposible observar lo opuesto de lo que desean y recibir lo que desean. Tienen que comenzar a contar una historia distinta. Tienen que encontrar una manera de crear un sentimiento de abundancia antes de que pueda llegar la abundancia.

Cuando comiencen a sentirse más libres respecto al gasto de su tiempo y dinero, se abrirán puertas, las personas los asistirán, se les ocurrirán ideas nuevas y productivas, y se desplegarán eventos y circunstancias. Cuando cambian su manera de sentir, tienen acceso a la Energía que crea mundos. Está ahí siempre para su fácil acceso.

Sentimientos negativos respecto al dinero o al cáncer

Jerry: Entonces, ¿cuál es la diferencia entre tener un sentimiento negativo respecto al dinero y por lo tanto *no* obtener dinero, y decir: "No deseo tener cáncer" y *enfermarse* de cáncer?

Abraham: Así es que funciona: obtienen la esencia de lo que piensan, si están pensando en la *carencia* de salud, están recibiendo carencia de salud. Si están pensando en carencia de dinero, están recibiendo carencia de dinero. Pueden saber por la manera en que se *sienten* cuando piensan en eso, si están atrayendo los aspectos negativos o positivos del tema.

El Universo no escucha la palabra *no*. Cuando ustedes dicen: *No, no quiero estar enfermo*, su atención al tema de la enfermedad equivale a decir: *Esto que no quiero, ven a mí.*

Cualquier cosa a la que le presten su atención es una invitación a su esencia. Cuando dicen: *Deseo dinero, pero no llega,* su atención a la ausencia de eso es lo mismo que decir: *Ausencia de dinero que no deseo, ven a mí.*

Cuando están pensando en el dinero de formas que hacen que el dinero les llegue, siempre se sienten bien. Cuando están pensando en el dinero en formas que lo bloquean de sus vidas, siempre se sienten mal. Esta es la forma de reconocer la diferencia.

Entonces dicen: "Si puedo enfermarme de cáncer al enfocarme en la carencia de salud, entonces, ¿por qué no puedo obtener dinero enfocándome en la carencia de dinero?" Recibir dinero, *lo cual desean,* es lo mismo que tener buena salud, *lo cual desean.* Enfermarse de cáncer, *lo cual no desean,* es lo mismo que no recibir dinero, *lo cual no desean.*

Solamente asegúrense de que no importa lo que piensen, no importa lo que hablen, que todo evoque una emoción positiva, y entonces estarán en el modo de atraer lo que desean. Cuando la emoción negativa está presente, están en el modo de atraer algo que no desean.

Él no tuvo que luchar para tener dinero

[El siguiente es un ejemplo de una pregunta de un miembro de la audiencia en un taller de Abraham-Hicks.]

Pregunta: Tengo una amiga que básicamente mantuvo financieramente a su ex-esposo durante unos diez años. Ella trabajó duro y lo cuidó todo ese tiempo, a menudo luchando para ganar suficiente para mantenerse. Eventualmente, ella terminó cansándose ante la poca falta de voluntad de su esposo para contribuir con dinero al hogar y se separaron. Su esposo nunca demostró ninguna evidencia de que el dinero fuera importante para él, pero ahora acaba de heredar más de un millón de dólares, y no quiere compartir este dinero con su ex-esposa (mi amiga), que lo mantuvo durante todos esos años.

No me parece justo que ella, que le importaba el dinero y haya trabajado tan duro para obtenerlo, haya recibido tan poco, mientras él, que apenas si trabajó y parecía no importarle, ahora haya heredado más de un millón de dólares. ¿Cómo puede ser eso?

Abraham [habla durante el resto del capítulo]: Al comprender la *Ley de Atracción* como nosotros la comprendemos, esta historia tiene perfecto sentido. Esta mujer trabajó duro, se sintió resentida, se enfocó en la carencia y el Universo correspondió perfectamente a esos *sentimientos*. Su esposo se sentía tranquilo, se rehusó a sentirse culpable, esperaba que las cosas le llegaran fácilmente a su vida, y el Universo correspondió perfectamente a esos *sentimientos*.

Muchos creen que deben trabajar duro, luchar, pagar un precio y sentir dolor, y luego serán recompensados por su lucha, pero eso no es consistente con las *Leyes del Universo: no pueden encontrar un final feliz en una jornada infeliz. Eso desafía la Ley.*

No hay un ápice de evidencia que se oponga a la *Ley de Atracción;* y tú tienes el beneficio de conocer a estas dos personas, ver sus actitudes y observar sus resultados: la una lucha, trabaja duro, hace lo que la sociedad le ha enseñado y no obtiene lo que desea...; el otro se rehúsa a luchar, insiste en sentirse tranquilo y es el recipiente de los recursos que apoyan más su tranquilidad.

Muchos dirían: "Y bien, puede que sea consistente con las *Leyes del Universo,* pero sigue siendo incorrecto," aunque deseamos que sepan que cuando ustedes se sintonizan con esta poderosa *Ley,* llegan a entender su absoluta justicia.

Puesto que ustedes controlan lo que ofrecen, ¿qué podría ser más justo que el Universo dándoles exactamente lo que ofrecen vibratoriamente? ¿Qué podría ser más justo que la poderosa *Ley de Atracción* respondiendo de forma igualitaria a todo aquel que ofrece una vibración? Una vez que obtienen el control sobre sus pensamientos, su sentido de injusticia se alivia y queda reemplazado por la exuberancia de la vida y el entusiasmo para crear con el cual nacieron. *Permitan que todas las cosas en el Universo sean un ejemplo de la forma en que funcionan las Leyes del Universo.*

Si creen que deben trabajar duro con el fin de merecer el dinero que les llega, entonces el dinero no puede llegarles a menos que trabajen duro. Pero el dinero que llega como respuesta a la acción física es muy poco en comparación con el que llega a través de la alineación de pensamientos. Es muy posible que hayan notado la enorme disparidad entre algunas personas que ofrecen muchísima acción recibiendo muy poco a cambio mientras que otras aparentemente ofrecen muy poca acción y reciben grandes beneficios. Deseamos que comprendan que la disparidad existe solamente en la comparación de la *acción* que están ofreciendo, pero no hay disparidad ni injusticia relacionada con la *alineación* de Energías en su interior.

El éxito financiero, o cualquier otro tipo de éxito, no requiere arduo trabajo o acción, pero sí requiere alineación de pensamientos. Sencillamente, no pueden ofrecer pensamientos negativos sobre cosas que desean y luego compensarlo con acciones o trabajo arduo. Cuando aprendan a dirigir sus propios pensamientos, descubrirán la verdadera influencia de la alineación de Energía.

Muchos de ustedes están más cerca de tener fortuna financiera de lo que se están permitiendo desear de verdad, porque tan pronto empiezan a pensar en que va a llegar, comienzan de inmediato a pensar en lo desilusionados que estarán si *no* llega. Entonces, en sus pensamientos de carencia, no se permiten desear o esperar nada maravilloso en función de dinero; y esta es la razón por la cual, en su mayoría, están viviendo experiencias financieras más bien mediocres.

Tienen toda la razón cuando piensan: *El dinero no lo es todo.* Ciertamente, no necesitan el dinero para ser felices. Pero en su sociedad, en donde tantas cosas están sujetas al dinero de alguna manera, la mayoría de ustedes asocia el dinero con la libertad. Y puesto que la libertad es un principio básico de su Ser, entonces llegar a la alineación con el dinero les ayudará a establecer un equilibrio que será de valor para ustedes, en todos los demás aspectos de su experiencia.

¿Es cómodo gastar dinero?

Una forma muy prevaleciente de considerar el dinero nos fue expresada por una mujer que explicaba que siempre se sentía incómoda cuando gastaba dinero. Decía que con el tiempo se las había arreglado para ahorrar bastante dinero, pero que cada vez que pensaba en gastar un poco, quedaba "paralizada" y "sentía miedo de dar un paso más."

Le explicamos: cuando crees que el dinero llega según la acción que ofreces, y también crees que no siempre serás capaz de ofrecer esa acción, deseas aferrarte a tu dinero y gastarlo con mesura para que te dure mucho. Sin embargo, ese sentimiento de escasez desacelera el proceso de atraer más flujo de dinero en tu experiencia.

Si te sientes incómoda con la idea de gastar dinero, no te recomendamos en lo absoluto que gastes dinero mientras te sientes incómoda, porque cualquier acción que tomes en medio de una emoción negativa, siempre es mala idea. Pero la razón de tu incomodidad no tiene nada que ver con la acción de gastar dinero, sino que más bien es una indicación de que tus pensamientos respecto al dinero en ese momento no están en Correspondencia Vibratoria con tu propio deseo. *Una creencia en escasez jamás resonará con tu sabiduría más amplia, porque no existe la escasez. Cualquier atención a la escasez de algo deseado siempre producirá emoción negativa en tu interior debido a que tu Guía te está haciendo saber que te estás alejando de tu comprensión básica más amplia de la abundancia y del Bienestar.*

Encuentra la forma de aliviar tu *incomodidad* y de transformarla eventualmente en un sentimiento de esperanza, después de *expectativas* positivas; y luego desde ese lugar estable de mejoría, ese sentimiento de "parálisis" será reemplazado con *confianza* y *entusiasmo.* Ya sea que te enfoques en la escasez de *dinero* o que te veas viviendo solamente unos cuantos *años* más (y entonces cada día que pasa es un día más cerca del final de tu vida); ese sentimiento de declive es contrario a tu comprensión más amplia de la naturaleza Eterna de tu Ser.

De la misma manera que comprendes que no tienes que intentar la labor imposible de inhalar suficiente aire con tus pulmones como para que te dure todo el día ni toda la semana, ni todo el año, sino más bien inhalas y exhalas tranquilamente, siempre recibiendo lo que deseas o necesitas cada vez que lo deseas o necesitas, el dinero puede entrar y gastarse con la misma tranquilidad una vez que has logrado esa expectativa de abundancia Eterna.

Todo el dinero que deseas está disponible para que lo recibas. Lo único que tienes que hacer es *permitirlo* en tu experiencia. Y mientras el dinero fluye, puedes permitir que fluya hacia fuera gentilmente, pues al igual que el aire que respiras, siempre seguirá fluyendo. No tienes que guardar tu dinero (como si inhalaras el aire y retuvieras la respiración) pensando que no entrará más. *Viene* más en camino.

Las personas algunas veces protestan cuando cuentan sus historias de escasez o de carencias, señalando la "realidad" de la escasez que han experimentado, de la cual han sido testigos, o han escuchado. Y comprendemos que hay muchos ejemplos para señalar de casos de experiencia de escasez de muchas de las cosas que desean. Pero deseamos que comprendan que esas experiencias de escasez no son debidas a que la abundancia no está disponible, sino a que ha sido *bloqueada*.

Seguir contando historias de escasez solamente sigue contradiciendo su deseo de abundancia, y no pueden tener ambas cosas. No pueden enfocarse en lo *indeseado* y recibir lo *deseado*. No pueden enfocarse en historias que los hagan sentir incómodos respecto al dinero y permitir en su experiencia cosas que los hagan sentir cómodos. Tienen que comenzar a contar una historia distinta si desean resultados distintos.

Comenzaríamos diciendo: *Deseo sentirme bien. Deseo sentirme productivo y expansivo. Mis pensamientos son la base de la atracción de todas las cosas que considero buenas, las cuales incluyen suficiente dinero para mi comodidad y mi alegría, salud y personas maravillosas a mi alrededor, personas emocionantes, estimulantes y animadas...*

Comiencen a contar la historia de su deseo, y luego añadan los detalles de los aspectos positivos que pueden encontrar que correspondan con esos deseos. Y luego adornen sus expectativas positivas especulando con ejemplos de *¿No sería maravilloso si...?* que los hagan sentir bien.

Digan cosas como: *Solamente cosas maravillosas llegan a mi vida. Aunque no tengo todas las respuestas, y aunque no conozco todos los pasos, y no puedo identificar todas las puertas que se abren para mí, sé que mientras avanzo en el tiempo y en el espacio el sendero es obvio ante mí. Sé que seré capaz de comprender todo mientras voy por mi camino.* Cada vez que cuentan la historia que los hace sentir mejor, se sentirán mejor y mejorarán los detalles de su vida. Cuanto mejor se ponen las cosas, mejor se ponen las cosas.

¿Cómo puedo cambiar mi punto de atracción?

Algunas veces las personas se preocupan porque han estado contando la historia de lo que no desean por tanto tiempo, que ahora no tienen tiempo en sus vidas para compensar por todos esos años enfocándose en la carencia de dinero, pero no tienen razón porqué preocuparse.

A pesar de que es cierto que no pueden retroceder en el tiempo y deshacer todos esos pensamientos negativos, no existe razón para hacerlo aunque pudieran porque todo su poder radica en su *ahora*. Cuando encuentran un pensamiento que los hace sentir mejor ahora mismo, su punto de atracción gira, ¡ahora! *La única razón por la que puede parecer que unas ideas negativas, que hayan adoptado muchos años atrás, están teniendo impacto en su vida actual es porque han seguido en ese tren negativo de pensamientos o creencias a lo largo de todos estos años. Una creencia es solamente un pensamiento que siguen teniendo. Una creencia no es nada más que un patrón crónico de pensamientos, y ustedes tienen la habilidad si tratan aunque sea un poquito de comenzar un nuevo patrón, de contar una nueva historia, de lograr una vibración diferente, de cambiar su punto de atracción.*

El simple acto de advertir todas las cosas que pueden comprar hoy en día con los cien dólares que llevan con ustedes, puede alterar dramáticamente su punto de atracción financiero. Ese sencillo proceso es suficiente para inclinar la balanza de su Escala Vibratoria lo suficiente, como demostrarles resultados tangibles reales en su atracción de dinero. Gasten mentalmente su dinero e imagínense un estilo de vida mejor. Conjuren deliberadamente un sentimiento de libertad imaginando lo que sentirían si tuvieran a su disposición grandes cantidades de dinero.

Comprendan que la *Ley de Atracción* está respondiendo a su vibración, no a la realidad de lo que están viviendo actualmente; pero si su vibración sigue siendo solamente respecto a la realidad que están viviendo, nada puede cambiar. *Pueden cambiar fácilmente su punto vibratorio de atracción visualizando el estilo de vida que desean y manteniendo su atención en esas imágenes hasta que comiencen a sentir alivio, lo cual indica que ha ocurrido un verdadero giro vibratorio.*

Yo establezco mis estándares

Algunas veces, desde una perspectiva de escasez de dinero, ustedes piensan que desean todo lo que ven. Surge en ustedes una especie de ansia incontrolable que los tortura cuando no tienen suficiente dinero para gastar; o sienten todavía más angustia cuando ceden ante sus ansias y gastan el dinero que no tienen, hundiéndose cada vez más en deudas. Pero esas ansias de gastar dinero en estas condiciones es realmente una falsa señal, porque no proviene de un deseo real de poseer esas cosas. *Comprar una cosa más y llevarla a casa no satisfará esas ansias, porque lo que en realidad están sintiendo es un vacío que solamente puede llenarse al lograr la alineación vibratoria con quienes son realmente.*

Ahora mismo te sientes insegura, cuando *eres realmente* segura. Ahora mismo te sientes deficiente, cuando *eres realmente* capaz. Sientes carencia, cuando *eres realmente* abundante. Es un giro vibratorio lo que ansías, no la habilidad de comprar algo. Una vez que eres capaz de lograr y mantener consistentemente tu alineación personal, fluirá mucho dinero en tu experiencia (si ése es tu deseo); y es probable que gastes grandes sumas de dinero en las cosas que deseas, pero entonces te sentirás de forma distinta cuando las compres. No sentirás la necesidad de llenar un vacío que estás tratando de llenar con una compra, sino más bien sentirás un interés satisfactorio en algo, lo cual encontrará fácilmente su camino hacia tu vida, y cada parte del proceso, desde el concepto de la idea hasta su total manifestación en tu experiencia, te traerá sentimientos de satisfacción y alegría.

No permitan que nadie establezca los estándares de cuánto dinero deben tener, o qué deben hacer con él, pues solamente ustedes pueden llegar a definir eso con exactitud. Logren primero la alineación con <u>quienes son realmente,</u> y permitan que las cosas que la vida les ha ayudado a saber que son las que desean fluyan en su experiencia.

¿Funciona "ahorrar para sentirnos seguros"?

Un hombre nos dijo en una ocasión que había tenido un maestro que le había dicho que guardar dinero para la seguridad en el futuro era igual que "planificar en caso de desastres," y que de hecho, el puro acto de tratar de sentirse más seguro en realidad lo llevaría a más inseguridad porque atraería ese desastre indeseado. Él deseaba saber si esa filosofía se ajustaba con nuestras enseñanzas respecto a la *Ley de Atracción.*

Le dijimos que ese maestro estaba en lo correcto al señalar que la atención hacia cualquier cosa atrae más de su esencia hacia ustedes, por lo tanto, si se enfocan en la idea de que alguna cosa mala pueda vislumbrase en su futuro, la incomodidad que sentirían mientras consideran esas cosas indeseadas, sería su indicación de que, de hecho, están en proceso de atraerlas. Pero es absolutamente posible considerar brevemente que algo indeseado pueda ocurrir en el futuro, algo como una situación financiera que los puede hacer sentir inseguros al considerarla, lo que causaría entonces que consideraran la *estabilidad* financiera que *desean.* Y cuando se enfocan en la seguridad financiera que *desean,* pueden perfectamente bien inspirar una acción que mejora ese estado de seguridad.

La acción de ahorrar dinero o de invertir en activos, no es de por sí ni en sí algo positivo ni negativo, pero ese maestro estaba en lo correcto al decir que no pueden llegar a un lugar de seguridad desde una base de inseguridad. *Les sugerimos que usen el poder de su mente para enfocarse en la seguridad que los hace sentir bien, y luego tomen cualquier acción positiva que les inspire ese lugar de sentirse bien. Cualquier cosa que los hace sentir bien está en armonía con lo que desean. Cualquier cosa que los hace sentir mal no está en armonía con lo que desean. Es así de sencillo en verdad.*

Algunos dicen que no deberían desear dinero en lo absoluto porque el deseo de dinero es materialista y no Espiritual. Pero deseamos recordarles que ustedes están aquí en este mundo muy físico en donde el Espíritu se ha materializado. Están aquí en sus cuerpos muy físicos en este planeta muy físico en donde se mezclan el Espíritu y lo físico o material. *Ustedes no pueden separarse de su aspecto Espiritual, y mientras estén aquí en estos cuerpos no pueden separarse de lo que es físico o material. Todas las magníficas cosas de naturaleza física que los rodean son de naturaleza Espiritual.*

Contar una nueva historia sobre la abundancia, el dinero y el Bienestar financiero

La *Ley de Atracción* no está respondiendo a la realidad que están viviendo y perpetuando actualmente, sino que está respondiendo a los patrones vibratorios de pensamientos que están emanando de ustedes. Entonces cuando comienzan a contar la historia de quiénes son con relación al dinero, desde la perspectiva de lo que *desean* en vez que desde la perspectiva de lo que están viviendo actualmente, sus patrones de pensamientos giran y también lo hace su punto de atracción.

Lo que es... no tiene influencia en lo que viene en camino a menos que estén reproduciendo maquinalmente la historia de lo que es. Pensar y hablar más de cómo desean realmente que sean sus vidas, hace que permitan que lo que están viviendo se convierta en el punto de partida de algo mucho mejor. Pero si hablan predominantemente de lo que es, entonces también esto será su punto de partida, pero su punto de partida hacia más de lo mismo.

Consideren entonces las siguientes preguntas, dejando que fluyan las respuestas naturales, y luego lean algunos ejemplos de cómo sonaría su nueva historia respecto al dinero. Luego, comiencen a contar su propia historia corregida y aumentada de su escenario financiero, y observen cómo rápida e infaliblemente comienzan a llegar a sus vidas las circunstancias y los eventos que hacen que su nueva historia se convierta en realidad:

- ¿Tienes todo el dinero que deseas ahora mismo en tu experiencia de vida?

- ¿Es abundante el Universo?

- ¿Tienes la opción de tener mucho dinero?

- ¿La cantidad de dinero que recibirías en esta vida fue determinada antes de que nacieras?

- ¿Estás ahora mismo poniendo en movimiento, a través del poder de tus pensamientos actuales, la cantidad de dinero que fluirá en tu vida?

- ¿Tienes la habilidad de cambiar tu situación financiera?

- ¿Estás en control de tu condición financiera?

- ¿Deseas más dinero?

- Sabiendo lo que ahora sabes, ¿puedes garantizar tu abundancia financiera?

Un ejemplo de mi "antigua" historia respecto al dinero

Hay muchas cosas que deseo y que sencillamente no puedo darme el lujo de comprar. Estoy ganando hoy en día más dinero que nunca, pero siento que mi situación financiera está más apretada que nunca. Parece que nunca logro salir adelante.

Parece que me he pasado la vida preocupado por el dinero. Recuerdo que mis padres trabajaban mucho y mi madre siempre se preocupaba por el dinero, supongo que heredé todo eso. Pero no es la clase de herencia que me hubiera gustado. Sé que hay personas muy ricas en el mundo que no tienen que preocuparse por dinero; pero esas personas no están en mi entorno cercano. Todas las personas que conozco ahora mismo están luchando y están preocupadas por lo que va a ocurrir enseguida.

Noten que esta historia comienza por advertir una condición actual indeseada; luego avanza para justificar la situación; luego observa el pasado para colocar más énfasis en el problema actual, lo que amplifica aún más el resentimiento; luego se mueve hacia una visión más amplia de la escasez percibida. *Cuando comienzan a contar una historia negativa, la Ley de Atracción les ayuda a acudir desde su perspectiva presente, a su pasado, incluso a su futuro, pero persiste el mismo patrón vibratorio de carencia. Cuando se enfocan en la carencia en una actitud de queja, establecen un punto vibratorio de atracción que luego les da acceso solamente a más pensamientos de quejas, ya sea que estén enfocados en su presente, en su pasado o en su futuro.*

Su esfuerzo deliberado en contar una nueva historia cambia todo eso. Su nueva historia establece un nuevo patrón de pensamientos, ofreciéndoles un nuevo punto de atracción desde su presente, respecto a su pasado y hacia su futuro. El sencillo esfuerzo de buscar aspectos positivos desde donde están, establecerá un nuevo tono vibratorio que no solamente afectará lo que sienten ahora mismo, sino que comenzará la atracción inmediata a pensamientos, personas, circunstancias y cosas que son agradables para ustedes.

Un ejemplo de mi "nueva" perspectiva respecto al dinero

Me gusta la idea de que el dinero está disponible como lo está el aire que respiro. Me gusta la idea de inhalar y exhalar más dinero. Es divertido imaginar que fluye hacia mí mucho dinero. Puedo ver cómo mis sentimientos respecto al dinero afectan el dinero que me llega. Me complace comprender que con práctica puedo controlar mi actitud respecto al dinero, o respecto a cualquier otra cosa. Advierto que en cuanto más cuento mi historia de abundancia, mejor me siento.

Me gusta saber que soy el creador de mi propia realidad y que el dinero que fluye en mi experiencia está directamente relacionado con mis pensamientos. Me gusta saber que puedo ajustar la cantidad de dinero que recibo ajustando mis pensamientos.

Ahora que comprendo la fórmula para crear; ahora que comprendo que obtengo la esencia de lo que pienso; y, lo más importante, ahora que comprendo que puedo saber según como me siento si estoy enfocado en el dinero o en la ausencia del dinero, me siento confiado de que con el tiempo, alinearé mis pensamientos con la abundancia, y el dinero fluirá poderosamente en mi experiencia.

Comprendo que las personas a mi alrededor tienen muchas perspectivas diferentes respecto al dinero, a la riqueza, a gastar, a ahorrar, al altruismo, a la generosidad, a recibir dinero, a ganar dinero y a todas estas cosas en general, y que no es necesario que yo comprenda sus opiniones o experiencias. Me siento aliviado al saber que no tengo que comprender todo esto. Es muy agradable saber que mi única labor es alinear mis propios pensamientos con relación al dinero con mis propios deseos respecto al dinero, y que cada vez que me siento bien, he conseguido esa alineación.

Me gusta saber que está bien que ocasionalmente sienta una emoción negativa respecto al dinero. Pero es mi intención dirigir rápidamente mis pensamientos hacia direcciones que me hagan sentir mejor, pues es lógico para mí que esos pensamientos que me hacen sentir bien atraerán resultados positivos.

Comprendo que el dinero no se manifestará necesariamente de forma instantánea en mi experiencia tan pronto cambie mi manera de pensar, pero tengo la expectativa de ver una mejora constante como resultado de mis esfuerzos deliberados de tener pensamientos que me hacen sentir mejor. La primera evidencia de mi alineación con el dinero será que me siento mejor; enseguida vendrá un mejor ánimo, una mejor actitud y lo seguirán cambios reales en mi situación financiera. Estoy seguro de eso.

Estoy seguro de la absoluta correlación entre lo que he estado pensando y sintiendo respecto al dinero y lo que está ocurriendo en realidad en mi vida. Puedo ver la evidencia de la respuesta absoluta e inequívoca de la <u>Ley de Atracción</u> a mis pensamientos, y ardo de deseo de ver más evidencia como respuesta a mis pensamientos mejorados.

Puedo sentir una influencia poderosa de Energía al ser más deliberado respecto a mis pensamientos. Creo que, en muchos niveles, siempre había sabido esto, y me siento bien al regresar a mis creencias básicas respecto a mi poder, mi valor y mi mérito.

Estoy llevando una vida muy abundante, y se siente bien comprender que sea lo que sea que esta experiencia de vida me haga desear, puedo lograrlo. Me encanta saber que soy un ser ilimitado.

Siento un alivio enorme al reconocer que no tengo que esperar que el dinero ni las cosas se materialicen antes de sentirme bien. Y ahora comprendo que cuando me siento bien, las cosas y las experiencias y el dinero que deseo deben llegar.

Tan fácil como el aire fluye en mi ser, así ocurre con el dinero. Mi deseo lo atrae hacia mí, mi tranquilidad permite que fluya y salga. Entra y sale. Entra y sale. Siempre fluyendo. Siempre tranquilo. Todo lo que deseo, cada vez que lo deseo, tanto como deseo. Entra y sale.

No hay forma correcta o incorrecta de contar tu historia mejorada. Puede ser respecto a tu pasado, a tu presente o a tu futuro. El único criterio importante es que seas consciente de tu intención de contar una versión de tu historia mejorada, y que te haga sentir bien. Contar durante el día muchas historias cortas que te hagan sentir bien cambiará tu punto de atracción. Solamente recuerda que la historia que *tú* cuentas es la base de *tu* vida. Cuéntala entonces como deseas que sea.

❧❧❧ ❧❧❧

TERCERA PARTE

Mantener mi Bienestar físico

Mis pensamientos crean mi experiencia física

La idea de "éxito," para la mayoría de las personas, gira alrededor del dinero o de la adquisición de posesiones, pero consideramos que el mayor éxito yace en permanecer en estado de alegría. Y aunque el logro de la adquisición de dinero y de posesiones maravillosas ciertamente puede mejorar su estado de alegría, sentirse bien en sus cuerpos físicos es un factor mucho más grandioso para mantener un estado continuo de alegría y Bienestar.

Experimentan cada parte de su vida a través de la perspectiva de su cuerpo físico, y cuando se sienten bien, todo lo que ven luce mejor. Es realmente posible mantener una buena actitud incluso cuando su cuerpo físico esté pasando por algún malestar, pero sentirse bien en sus cuerpos físicos es una base poderosa para una buena actitud constante. Por eso no nos sorprende, que debido a cómo se sienten afecta sus pensamientos y actitudes respecto a las cosas, a que sus pensamientos y actitudes equivalen a su punto de atracción, y a que su punto de atracción equivale a la forma en que su vida se manifiesta, *haya pocas cosas de mayor valor que sentirse bien físicamente.*

Es bastante intrigante notar que sentirse bien en sus cuerpos no solamente promueve pensamientos positivos, sino que, además, los pensamientos positivos promueven sentirse bien en sus cuerpos. Esto significa que no tienen que estar en perfecto estado de salud para sentir un alivio que eventualmente los conduzca a un ánimo o actitud maravillosos, porque si son capaces de encontrar alivio de alguna manera cuando sienten dolor físico o están enfermos, encontrarán mejoría física porque sus pensamientos crean su realidad.

Quejarse de las quejas también es quejarse

Muchos se quejan de que es fácil ser optimistas cuando se es joven y se está en buena salud, pero es muy difícil cuando se es viejo o se está enfermo...; aunque no les aconsejamos que usen su edad o un estado actual de mala salud como un pensamiento limitante que bloquee la mejoría o la recuperación.

La mayoría de las personas no tiene idea del poder de sus propios pensamientos. No comprenden que mientras siguen encontrando cosas de qué quejarse, están bloqueando su propio Bienestar físico. Muchos no comprenden que antes de que comenzaran a quejarse de un dolor físico o de una enfermedad crónica, ya se estaban quejando de muchas otras cosas. No importa si el asunto de su queja es respecto a alguien con quien están enojados, alguien que los ha traicionado, conductas ajenas que ustedes creen que son erróneas o algo que anda mal en sus propios cuerpos físicos; quejarse es quejarse, y eso bloquea la recuperación.

Así es que si te sientes bien y estás buscando la manera de mantener ese estado, o si tu cuerpo físico está de alguna manera sintiéndose mal y anhelas la recuperación, el proceso es el mismo: *aprende a guiar tus pensamientos en la dirección de cosas que te hacen sentir bien, y descubre el poder que solamente proviene de la alineación vibratoria con la Fuente.*

Mientras sigues leyendo este libro, recordarás cosas que has sabido mucho antes de nacer, y sentirás una resonancia con estas *Leyes* y procesos que te proporcionarán un sentimiento de empoderamiento. Y entonces todo lo necesario para el logro y el mantenimiento de un cuerpo sano y saludable es un poco de atención deliberada a los pensamientos y a los sentimientos, y el sincero deseo de sentirse bien.

Puedo sentirme bien en mi cuerpo

Si no te sientes bien ni luces como desearías lucir, se refleja en otros aspectos de tu vida, y es por esta razón que deseamos enfatizar el valor de equilibrar tu cuerpo físico y encontrar el confort y el Bienestar. No hay nada en el Universo que responda más rápidamente a tus pensamientos que tu propio cuerpo físico, por lo tanto, los pensamientos alineados atraen una respuesta rápida y resultados obvios.

Tu Bienestar físico es realmente el tema en el que es más fácil tener control absoluto, pues es lo que *tú* estás haciendo respecto a *ti*. Sin embargo, puesto que estás traduciendo todo en este mundo a través de los lentes de lo que siente tu cuerpo físico, si sales de tu balance, afecta negativamente una parte mucho mayor de tu vida que solamente tu cuerpo físico.

Nunca tienes una idea más clara de cómo se siente desear estar sano y sentirte bien que cuando estás enfermo o te sientes mal, y por eso, la experiencia de estar enfermo es una rampa de lanzamiento poderosa para pedir el Bienestar. Entonces, si en el momento en que tu enfermedad ha originado que pierdas tu Bienestar, puedes dirigir tu total atención a la idea de sentirte bien, ocurrirá de inmediato, pero para la mayoría, ahora que se sienten mal, *eso* es lo que atrae su atención. *Cuando están enfermos, es lógico que noten cómo se sienten, y al hacerlo, prolongarán la enfermedad... Pero no fue su atención a la carencia de salud lo que los enfermó; más bien, fue su atención a la carencia de muchas cosas que desean.*

La atención crónica a las cosas indeseadas los mantiene en un lugar en donde bloquean su Bienestar físico, así como las soluciones a los demás temas en los que están enfocados. *Si pueden enfocar su atención en la idea de experimentar Bienestar físico con tanta pasión como con la enfocada en la carencia del Bienestar, no solamente se recuperarían rápidamente, sino que, además, será fácil mantener su Bienestar y balance físicos.*

Las palabras no enseñan, pero la experiencia de vida sí lo hace

Simplemente, escuchar palabras, aunque sean palabras perfectas que expliquen verdades de forma precisa, no les brinda entendimiento, pero la combinación de cuidadosas palabras, en conjunto con la experiencia de vida siempre consistente con las <u>Leyes del Universo,</u> sí les brinda entendimiento. Tenemos la expectativa de que cuando lean este libro y vivan su vida, logren adquirir total entendimiento de cómo ocurren todas las cosas en su experiencia, y logren control completo sobre todos los aspectos de su propia vida, especialmente sobre las cosas que tienen que ver con su propio cuerpo.

Quizá su condición física es exactamente como desean que sea. Si este es el caso, entonces sigan enfocándose en su cuerpo tal como está, sintiendo aprecio por los aspectos que les agradan, y mantendrán esa condición. Pero si desean cambios, ya sea en la apariencia, en el nivel de energía o en la salud, entonces será de gran valor que comiencen a contar una historia distinta, no solamente respecto a su cuerpo, sino a todos los temas que los han perturbado. Cuando comienzan a enfocarse positivamente, logrando sentirse *tan* bien respecto a tantos temas que a menudo sienten que la pasión comienza a surgir en ustedes, comenzarán a sentir el poder del Universo —el poder que crea mundos— fluyendo a través de ustedes.

Tú eres el único que creas en tu experiencia, nadie más lo hace. Todo lo que te llega, llega por el poder de tus pensamientos.

Cuando se enfocan tanto llegan a sentir pasión, captan más poder y logran mejores resultados. Los demás pensamientos, aunque son importantes y tienen potencial creativo, por lo general sólo están manteniendo lo que ya han creado. Por eso, muchas personas siguen teniendo experiencias físicas no deseadas al ofrecer pensamientos consistentes; no poderosos ni acompañados de emociones intensas. Es decir, apenas siguen contando las mismas historias respecto a lo injustas que son las cosas, o respecto a las cosas indeseadas con las cuales no están de acuerdo, y al hacerlo, mantienen las condiciones indeseadas. *La simple intención de contar historias que se sienten mejor respecto a todos los temas en que se enfo-can, tendrá un mayor efecto en su cuerpo físico. Pero puesto que las palabras no enseñan, les sugerimos que intenten contar una historia diferente durante un tiempo y vean qué pasa.*

La *Ley de Atracción* expande cada uno de mis pensamientos

La *Ley de Atracción* dice que *aquello que es similar se atrae.* Es decir, que lo que ustedes piensan en un momento dado, atrae otros pensamientos similares. Esta es la razón por la cual cuando están pensando en un tema que no es agradable, atraen rápida-mente más pensamientos desagradables respecto al mismo tema. Se encuentran, al cabo de poco tiempo, no solamente experimen-tando lo que están experimentando en *este* momento, sino, ade-más, buscando en su pasado más datos que correspondan con esa vibración, y ahora, debido a la *Ley de Atracción,* mientras sus pen-samientos negativos se expanden proporcionalmente, también lo hace su emoción negativa.

Al cabo de un momento, se hayan discutiendo ese tema des-agradable con otras personas, y ahora *ellos* se les suman, a menudo buscando en *su* pasado... hasta que, *en un periodo muy corto de tiempo, la mayoría de ustedes, en cualquier tema que haya considerado por mucho tiempo, atrae suficiente datos de respaldo como para atraer la esencia del tema de ese pensamiento en su experiencia.*

Es natural que al saber lo que *no desean,* son capaces de aclarar lo que *desean;* y no tiene nada de malo identificar un problema antes de comenzar a buscar una solución. Pero muchas personas, con el tiempo, se orientan más hacia el problema que hacia la solución, y al examinar y explicar el problema, continúan perpe-tuando el problema.

Repetimos, contar una historia diferente es algo muy valioso: cuenten una historia orientada hacia la solución en vez de una historia orientada hacia el problema. *Si esperan hasta estar enfermos antes de comenzar a intentar enfocarse más positivamente, es mucho más difícil que si comienzan a contar la historia del Bienestar cuando se sienten bien... pero, en todo caso, su nueva historia, con el tiempo, les atraerá resultados diferentes. Aquello que es similar se atrae, cuenten entonces la historia de lo que desean vivir y eventualmente lo vivirán.*

Algunas personas se preocupan de que como ya están enfermas, no pueden sanarse porque ahora su enfermedad atrae su atención, y por lo tanto su atención a la enfermedad está perpetuando más enfermedad. Estamos de acuerdo. Esto sería correcto si solamente tuvieran la habilidad de enfocarse en lo *que hay* en este momento. Pero puesto que es posible pensar en cosas distintas a lo que está ocurriendo ahora mismo, es posible que cambien las cosas. No obstante, no pueden enfocarse en los problemas actuales y cambiarlos. Tienen que enfocarse en los resultados positivos que están buscando con el fin de obtener algo diferente.

La Ley de Atracción está respondiendo a sus pensamientos, a su realidad actual. Cuando cambian sus pensamientos, su realidad debe cambiar enseguida. Si les está yendo bien ahora mismo, si se siguen enfocando en lo que está ocurriendo ahora, el Bienestar continuará, pero si las cosas que están ocurriendo ahora no son agradables, deben encontrar la manera de alejar su atención de esas cosas indeseadas.

Tienen la habilidad de enfocar sus pensamientos respecto a ustedes, a su cuerpo y a las cosas que más les interesan en una dirección diferente de solamente lo que está ocurriendo ahora mismo. Tienen la habilidad de imaginar que les llegan otras cosas o recordar las cosas que les han ocurrido antes, y cuando lo hacen, con la intención deliberada de encontrar cosas que los hacen sentir bien, cuando piensan y hablan de ellas, pueden rápidamente cambiar sus patrones de pensamientos, y por ende, su vibración, y eventualmente..., su experiencia de vida.

15 minutos hacia mi Bienestar intencional

No es fácil imaginar que tienen el pie sano cuando el dedo del pie les duele intensamente, pero es muy valioso hacer todo lo posible para distraerse del dedo adolorido. No obstante, el momento de una intensa molestia física no es el momento más efectivo para intentar visualizar Bienestar. El mejor momento para hacerlo es cuando se sienten en plena forma. Es decir, si por lo general se sienten mejor durante la primera parte del día, escojan esas horas para visualizar su nueva historia. Si por lo general se sienten mejor después de un baño largo y caliente, escojan *este* momento para la visualización.

Separa quince minutos de tu tiempo para cerrar los ojos y retirar en lo posible tu percepción de *lo que es*. Trata de encontrar un lugar tranquilo en donde no estés distraído, e imagínate en un estado de óptima salud. Imagínate ascendiendo lleno de vigor una pequeña colina, y sonríe agradecido por la energía de tu cuerpo. Obsérvate inclinándote y estirándote y disfrutando de la flexibilidad de tu cuerpo.

Toma tu tiempo explorando escenarios agradables con la única intención de disfrutar de tu cuerpo y de apreciar su fortaleza, energía, flexibilidad y belleza. *Cuando visualizas por la pura alegría de visualizar, en vez de con la intención de corregir alguna deficiencia, tus pensamientos son más puros, y por lo tanto, más poderosos. Cuando visualizas para superar algo equivocado, tus pensamientos están diluidos con el lado defectuoso de la ecuación.*

Algunas personas explican que han tenido deseos que no se han manifestado por mucho tiempo, y arguyen que la *Ley de Atracción* no les funciona, pero eso es debido a que han pedido que se mejoren las cosas desde un lugar de percepción de la carencia de lo que desean. Se toma tiempo orientar de nuevo los pensamientos para enfocarse predominantemente en lo que desean, pero con el tiempo, se siente totalmente natural hacerlo. Poco a poco, será más fácil contar su nueva historia.

Si se toman el tiempo de imaginar su cuerpo positivamente, esos pensamientos que los hacen sentir bien se convertirán en dominantes, y entonces su condición física debe rendirse ante esos pensamientos. Si solamente se enfocan en las condiciones existentes, nada cambiará.

Cuando se imaginan, visualizan y verbalizan su nueva historia, con el tiempo llegarán a *creer* la nueva historia; y cuando esto ocurre, la evidencia fluirá con presteza en su experiencia. Una creencia es solamente un pensamiento que siguen teniendo, y cuando sus creencias corresponden con sus deseos, sus deseos se convierten en realidad.

Nada se interpone entres y ustedes y sus deseos que no sean sus propios patrones de pensamientos. No existe un cuerpo físico, no importa el estado de deterioro, no importan las condiciones, que no pueda mejorar su condición. Nada más en su experiencia responde tan rápidamente a sus patrones de pensamientos como su propio cuerpo físico.

No estoy atado a las creencias ajenas

Con un poquito de esfuerzo enfocado en la dirección correcta, lograrán resultados considerables, y con el tiempo, recordarán que pueden ser, hacer o tener todo en lo que se enfoquen y logren la alineación vibratoria.

Vinieron a este cuerpo físico y a este mundo físico desde su perspectiva No Física, y tenían claras intenciones. No definieron todos los detalles de su experiencia física antes de llegar aquí, pero sí manifestaron con claridad sus intenciones respecto a la vitalidad del cuerpo físico con el que crearían su experiencia de vida. Sentían unas ganas enormes de estar aquí.

Recién llegados en sus cuerpecitos de bebés, estaban más cerca del Mundo Interior que del mundo físico y su sentido de Bienestar y fortaleza era muy fuerte; pero con el paso del tiempo, al enfocarse más en su cuerpo físico, comenzaron a observar a otros que habían perdido su fuerte Conexión con el Bienestar y, —poco a poco— también comenzaron a perder su Bienestar.

Es posible nacer en este mundo físico y seguir manteniendo su Conexión con *quienes realmente son* y con su Bienestar absoluto; sin embargo, la mayoría de las personas, una vez que se ha enfocado en esta realidad de tiempo y espacio, cesa de hacerlo. La principal razón por la cual alejan su percepción del Bienestar personal es el clamor de aquellos que los rodean para que ustedes encuentren la manera de complacerlos. *Aunque sus padres y maestros son, en su mayoría, personas bien intencionadas, no obstante están más interesados en que ustedes encuentren formas de complacerlos a ellos que en que ustedes encuentren formas de complacerse a sí mismos. Por eso, en el proceso de socialización, casi todas las personas en todas las sociedades pierden su camino, porque han sido instados o coacciona-dos a alejarse de su propio Sistema de Guía.*

La mayoría de las sociedades exige que conviertan sus acciones en su prioridad máxima. Raramente les sugieren que consideren su alineación vibratoria o su Conexión con su Mundo Interior. La mayoría de las personas termina motivándose según la aprobación o la desaprobación que le demuestran, y así, con su atención colo-cada erróneamente en lograr las acciones tan respetadas por los observadores de sus vidas, pierde su alineación, y entonces todo lo demás en sus experiencias declina.

Pero ustedes estaban dispuestos a nacer en este mundo físico lleno de sorprendente variedad, porque comprendían el valor de este contraste desde donde construirían su propia experiencia. Sabían que llegarían a entender, desde su propia experiencia, lo que preferirían de entre la amplia variedad de opciones que esta-rían disponibles para ustedes.

Cuando saben lo que *no desean,* comprenden con mayor cla-ridad lo que *desean.* Pero muchas personas toman ese primer paso de identificar lo que *no* desean, y en vez de girar hacia lo que *sí* desean y lograr la alineación vibratoria, siguen hablando de lo que no desean y, con el tiempo, se desvanece la vitalidad con la que nacieron.

Hay tiempo suficiente para lograrlo

Cuando comprenden el poder de los pensamientos y no se toman el tiempo de alinearlos para permitir su poder, se resignan entonces a crear a través del poder de su acción, lo cual, en compa-ración, no es tanto. Entonces, si han estado trabajando con ardor en su acción para lograr algo y no han podido hacerlo, a menudo se sienten abrumados o incapaces de hacer que eso pase ahora. Algunas personas sencillamente sienten que no tienen suficiente tiempo en sus vidas para ser, hacer y tener todo lo que sueñan. Pero deseamos que entiendan que si se toman el tiempo para alinearse deliberadamente con la Energía que crea mundos, a través del poder de enfocar sus pensamientos, descubrirán una influencia que les ayudará a lograr rápidamente las cosas que antes les parecían imposibles.

No hay nada que no puedan ser, hacer o tener, una vez que logren la alineación necesaria, y cuando lo hacen, su propia experiencia de vida les mostrará la evidencia de su alineación. Antes de que las cosas se manifiesten realmente, la prueba de su alineación llega en forma de emoción positiva y agradable, y si entienden esto, serán capaces de mantener un curso estable mientras se manifiestan las cosas que desean y les llegan a su vida. La *Ley de Atracción* dice: *aquello que es similar se atrae. Cualquiera que sea su estado del ser —como se sienten— está atrayendo más de la esencia de eso.*

Querer o desear algo se siente bien cuando creen que pueden lograrlo, pero desear ante la duda se siente muy incómodo. Deseamos que comprendan que desear algo y creer que pueden lograrlo es un estado de alineación, mientras que desear y dudar es un estado fuera de alineación.

Desear y creer es alineación.

Desear y tener expectativas es alineación.

Tener expectativas de algo indeseado no es alineación.

Pueden *sentir* su alineación o su falta de alineación.

¿Por qué deseo condiciones físicas perfectas?

Aunque les parezca extraño, no podemos comenzar a tratar el tema de sus cuerpos físicos sin tratar el tema de sus raíces No Físicas y de su Conexión Eterna con esas raíces, porque ustedes en sus cuerpos físicos son una extensión de ese *Ser Interior.* En palabras muy sencillas, con el fin de estar en su máximo estado de salud y Bienestar, deben estar en alineación vibratoria con su *Ser Interior,* y con ese fin, deben estar conscientes de sus emociones o sentimientos.

Su estado físico de Bienestar está directamente relacionado con su alineación vibratoria y con su *Ser Interior* o Fuente, lo cual significa que cada pensamiento que tienen sobre cada tema, puede afectar de forma positiva o negativa esta Conexión. Es decir, no es posible mantener un cuerpo físico sano sin una clara percepción de sus emociones y una férrea determinación de dirigir sus pensamientos hacia temas que los hacen sentir bien.

Cuando recuerdan que sentirse bien es natural y hacen un esfuerzo para encontrar los aspectos positivos de los temas que están considerando, entrenan sus pensamientos para que correspondan con los pensamientos de su <u>Ser Interior,</u> *y eso es tremendamente ventajoso para sus cuerpos físicos. Cuando sus pensamientos se sienten crónicamente bien, su cuerpo físico prospera.*

Desde luego, existe un amplio rango de emociones —desde las que se sienten muy mal hasta las que se sienten muy bien— pero en cualquier momento del tiempo, según en lo que se enfoquen, *en realidad solamente tienen dos opciones desde el punto de vista emocional: un* <u>sentimiento de mejoría</u> *o un* <u>sentimiento de empeoramiento.</u> Entonces pueden decir de forma acertada que solamente existen dos emociones, y pueden usar efectivamente su *Sistema de Guía* cuando escogen deliberadamente sentimientos de mejoría. Y al hacerlo, con el tiempo pueden sintonizarse con la frecuencia exacta de su *Ser Interior,* y cuando lo hacen, su cuerpo físico prospera.

Puedo confiar en mi *Ser Interior* eterno

Su *Ser Interior* es la parte de ustedes que es la *Fuente* que sigue evolucionando a través de las miles de experiencias de vidas que viven. Y con cada distinta y variada experiencia, la Fuente en su interior siempre escoge el mejor sentimiento entre las opciones disponibles, lo cual quiere decir que su *Ser Interior* está sintonizándose eternamente con el *amor* y la *alegría* y con todas las cosas buenas. Esta es la razón por la que cuando escogen amar a alguien o a ustedes en vez de buscar defectos, se sienten bien. Los sentimientos agradables son la confirmación de la alineación con su Fuente. Cuando optan por sentimientos que no están en alineación con la Fuente, y se produce una respuesta emocional como *miedo* o *ira* o *envidia,* estos indican una desviación vibratoria de la Fuente.

La Fuente jamás se aleja de ustedes, ofrece siempre una vibración constante de Bienestar, por eso cuando sienten emoción negativa, significa que están evitando su acceso vibratorio con la Fuente y con la Corriente de Bienestar. Cuando comienzan a contar historias que los hacen sentir bien respecto a sus cuerpos, su vida, su trabajo y las personas en su vida, logran una Conexión constante con la Corriente de Bienestar que siempre fluye en ustedes. Y cuando se enfocan en las cosas que desean, sintiendo emoción positiva al hacerlo, tienen acceso al poder que crea mundos y hacen que fluya hacia el objeto de su atención.

¿Cuál es el papel del pensamiento en las heridas traumáticas?

Jerry: ¿Se crean las heridas traumáticas de la misma manera que se crean las enfermedades, y pueden también resolverse a través del pensamiento? ¿Son éstas como un rompimiento de algo que ocurre en un incidente momentáneo al contrario de una larga serie de pensamientos que nos conllevan a eso?

Abraham: *Ya sea que el trauma de sus vidas parezca haber llegado de forma tan repentina como un accidente o que provenga de una enfermedad como el cáncer, ustedes han creado esa situación a través de sus pensamientos, y la sanación también proviene de estos.*

Los pensamientos crónicos de *alivio* promueven la buena salud, mientras que los pensamientos crónicos de *estrés, resentimiento, odio* o *miedo* promueven las enfermedades. Pero ya sea que el resultado se manifiesta de forma repentina (como en una caída en donde se rompen los huesos) o lentamente (como en el cáncer), *todo lo que están viviendo siempre corresponde al equilibrio de sus pensamientos.*

Una vez que han experimentado la disminución de su Bienestar, ya sea causado por unos huesos rotos o por enfermedades internas, no es probable que encuentren de forma repentina pensamientos que los hagan sentir bien y que correspondan con su *Ser Interior*. Es decir, si antes de su accidente o enfermedad no habían escogido pensamientos que se alineaban con su Bienestar, no es probable que ahora que están enfrentando molestias, dolor o un diagnóstico atemorizante, encuentren de repente esa alineación.

Es mucho más fácil lograr una salud óptima desde un estado de salud moderado que lograr una salud óptima desde un estado de mala salud. Sin embargo, pueden llegar adonde deseen desde donde estén, si son capaces de distraer su atención de los aspectos indeseados de su vida y enfocarse en los más placenteros. Es sencillamente una cuestión de enfoque.

A veces un diagnóstico atemorizante o una herida traumática es un catalizador poderoso para hacerlos enfocar su atención más deliberadamente en cosas que los hacen sentir bien. De hecho, algunos de nuestros mejores estudiantes de la Creación Deliberada son aquellos que han recibido un diagnóstico atemorizante, y los doctores les han dicho que no hay nada más que se puede hacer por ellos, y quienes ahora (en vista de que no tienen otra opción) comienzan deliberadamente a enfocar sus pensamientos.

Es interesante notar tantas personas que no hacen lo que realmente funciona hasta que han agotado todas las demás opciones, pero comprendemos que están acostumbrados a este mundo orientado a la acción, y por eso la acción siempre les parece que es la mejor y la primera opción. *No los estamos guiando a alejarse de la acción, sino más bien los animamos a que encuentren primero pensamientos que los hacen sentir mejor, y luego realicen la acción que se sientan inspirados a realizar.*

¿Puede una enfermedad congénita resolverse vibratoriamente?

Jerry: ¿Puede una *enfermedad congénita* —algo con lo que una persona nació en su forma física— resolverse por medio de los pensamientos?

Abraham: Sí. Desde donde estén pueden llegar adonde deseen estar. Si pueden entender que su *ahora* es solamente la plataforma de lanzamiento de lo que vendrá, pueden moverse rápidamente (inclusive desde cosas indeseadas y dramáticas) hacia las cosas que les agradan.

Si esta experiencia de vida contiene los datos que originaron en ustedes un deseo, entonces también están disponibles los recursos para logralo. Pero deben primero enfocarse en donde desean estar —no en donde están— o no podrán moverse hacia su deseo. No obstante, no pueden crear nada externo a sus propias creencias.

Las enfermedades principales
vienen y se van, pero ¿por qué?

Jerry: Cuando era joven, había enfermedades principales (tuberculosis y polio) de las que ahora casi no oímos hablar. Pero no escasean las enfermedades, ya que ahora tenemos las enfermedades del corazón y el cáncer, de las cuales casi nunca oíamos hablar antes. En esos días, las noticias hablaban casi constantemente de la sífilis y la gonorrea. Ahora no oímos hablar casi de esas, sin embargo, el SIDA y el herpes acaparan los titulares. ¿Por qué parece que siempre están surgiendo más enfermedades? A pesar de que se están siempre descubriendo nuevas curas, ¿por qué no logramos disminuir las enfermedades?

Abraham: Debido a su atención a la carencia. Todos los sentimientos de impotencia y vulnerabilidad producen más sentimientos de impotencia y vulnerabilidad. No puedes enfocarte en vencer una enfermedad sin prestarle atención a la enfermedad. Pero también es muy importante comprender que buscar curas para las enfermedades, incluso cuando las encuentran, es un proceso corto de miras, y a la larga, ineficaz, porque como tú dices, se están creando nuevas enfermedades continuamente. *Cuando comienzan a buscar y a comprender las causas vibratorias de las enfermedades en vez de buscar curas, se acabarán las enfermedades. Cuando sean capaces de* *lograr deliberadamente sentirse aliviados y sentir la alineación vibratoria correspondiente, será posible vivir libre de enfermedades.*

Muchas personas pasan muy poco tiempo deleitándose llenas de gratitud por la salud que están experimentando en la actualidad, más bien esperan a estar enfermas y luego empiezan a pensar en cómo recuperarse. Los pensamientos que los hacen sentir bien producen y apoyan el Bienestar físico. Ustedes viven en épocas muy ocupadas, y encuentran muchas cosas de qué quejarse y preocuparse; y al hacer esto, se mantienen fuera de alineación y el resultado son las enfermedades. Y luego se enfocan en la enfermedad y perpetúan más enfermedades. Pero pueden romper el ciclo en cualquier momento. No tienen que esperar que su sociedad comprenda esto para conseguir por sí mismos una maravillosa salud física. *Su estado natural es de buena salud.*

He sido testigo de la auto-curación natural de mi cuerpo

Jerry: Desde que era muy joven me di cuenta que mi cuerpo se sanaba de forma muy rápida. Si me hacía un corte o un raspadura, casi podía observar como se sanaba ante mis ojos. En menos de cinco minutos, podía ver que comenzaba la curación, y luego, en muy poco tiempo, la herida estaba completamente sana.

Abraham: Tu cuerpo está compuesto de células inteligentes que están siempre equilibrándose a sí mismas, y mientras mejor te sientes, menos interfieres con el proceso de equilibrio celular desde el punto de vista vibratorio. Si estás enfocado en cosas que te molestan, les impides este proceso a las células de tu cuerpo. Y una vez que una enfermedad ha sido diagnosticada, y luego le prestas atención a esa enfermedad, el impedimento se vuelve aún mayor.

Puesto que las células de tu cuerpo saben qué hacer para estar en equilibrio, si puedes encontrar la forma de enfocar tu atención en pensamientos agradables, detendrás tu interferencia negativa y te recuperarás. Toda enfermedad es causada por discordia o resistencia vibratoria, sin excepción, y puesto que la mayoría de las personas es inconsciente de sus pensamientos discordantes previos a la enfermedad (por lo general haciendo poco esfuerzo para practicar pensamientos que los hacen sentir bien), una vez que la enfermedad ocurre es muy difícil encontrar pensamientos puros y positivos.

Pero si pudieran comprender que sus pensamientos y sólo ellos son los causantes de la resistencia que está previniendo la buena salud, y si pudieran girar sus pensamientos hacia una dirección más positiva, su recuperación podría ser muy rápida. No importa la enfermedad, y no importa lo mucho que haya progresado, la pregunta es: *¿Puedes dirigir tus pensamientos de manera más positiva sin importar la condición?*

Usualmente, en este punto alguien pregunta: "Pero, ¿qué pasa en el caso de un recién nacido?" No asuman que porque un niño no habla todavía, no está pensando u ofreciendo vibración. Hay tremenda influencia sobre la salud y la enfermedad que ocurre cuando el niño sigue en el vientre o está recién nacido.

Cuando mantengo mi atención en la buena salud, ¿mantengo mi buena salud?

Jerry: Como he visto mi cuerpo sanarse, y como esa curación ha sido visible para mí, tengo expectativas de que eso ocurra. Pero, ¿cómo podemos llegar hasta el punto de *saber* que *todas* las partes del cuerpo sanarán? Parece ser que la gente teme sobretodo por los órganos que no pueden ver, los que están escondidos en el interior del cuerpo, por decirlo así.

Abraham: Es maravilloso ver los resultados de sus pensamientos expuestos de manera obvia, y al igual que sus heridas o enfermedades son evidencia de falta de alineación, su sanación o buena salud es evidencia de alineación. *Su tendencia hacia la buena salud es mucho más fuerte que su tendencia hacia la enfermedad, y esta es la razón por la cual aunque tengan algunos pensamientos negativos, la mayoría de ustedes permanece más sana.*

Tú has llegado a tener *expectativas* de que tus heridas se sanen, lo cual ayuda tremendamente en el proceso de sanación, pero cuando la evidencia de tu enfermedad es algo que no puedes ver, cuando dependes de la investigación de tu médico por medio de sus exámenes o equipos para comprobar la información, a menudo te sientes impotente y temeroso, lo que no solamente desacelera el proceso de sanación, sino que, además, es una razón poderosa para la Creación de enfermedades. Muchas personas han llegado a sentirse vulnerables respecto a las partes de sus cuerpos que no pueden ver, y ese sentimiento de vulnerabilidad es un catalizador muy poderoso en la perpetuación de la enfermedad.

Muchas personas van al doctor cuando están enfermas, pidiendo información sobre lo que está mal en sus cuerpos, y cuando buscan algo malo, por lo general lo encuentran. *De hecho, la Ley de Atracción insiste en eso. Una búsqueda continua de cosas malas en sus cuerpos, terminará ofreciendo evidencia de algo malo, no porque haya estado escondido en secreto durante mucho tiempo y finalmente comprobaron que ahí estaba, sino porque los pensamientos repetidos eventualmente crearon su equivalente.*

Cuando me siento inspirado a ver al médico

Abraham: Hay muchas personas que protestarían ante nuestra perspectiva, proclamando que somos irresponsables porque no les aconsejamos que se practiquen exámenes con regularidad para ver si tienen algo malo, o si están a punto de tener algo malo; o por algo que podría terminar mal con sus cuerpos físicos. Y si no comprendiésemos el poder de sus pensamientos, podríamos incluso decirles que si ir al médico los hace sentir mejor, pues por favor, no dejen de hacerlo.

De hecho, algunas veces cuando están buscando algo malo y no lo encuentran, se sienten mejor. Pero con más frecuencia, buscar constantemente algo malo con el tiempo termina creándolo. Es realmente así de sencillo. No estamos diciendo que la medicina es mala o que no es de valor alguno ver a su médico. La medicina, los doctores y todas las profesiones de la salud en general, no son ni buenos ni malos en sí, sino que son tan valiosos como su posición vibratoria les permite serlo.

Les aconsejamos que pongan atención a su equilibrio emocional, trabajen deliberadamente en encontrar los mejores sentimientos que puedan encontrar, y practiquen hasta que sea una costumbre... Y, al hacerlo, se ocupen primero de su alineación vibratoria, y luego sigan con cualquier acción que se sientan inspirados a realizar. En otras palabras, una visita al médico, o cualquier otra acción, cuando está acompañada de *alegría, amor* o emociones agradables, siempre es valiosa; mientras que cualquier acción motivada por su *miedo* o *vulnerabilidad,* o cualquier emoción desagradable, nunca es de valor.

Su Bienestar físico, al igual que todo lo demás, está profundamente afectado por las *creencias* que tienen. Por lo general, cuando son jóvenes, tienen mayores expectativas de salud, pero al envejecer, la mayoría de ustedes degenera en una especie de escala regresiva que refleja lo que están viendo en las demás personas a su alrededor. Y, su observación no es correcta. *Las personas mayores a menudo experimentan más enfermedades y menos vitalidad. Pero la razón del deterioro de las personas al envejecer no es debido a que sus cuerpos físicos estén programados para degenerarse con el tiempo, sino porque cuanto más viven, más encuentran razones para quejarse y para preocuparse, causando resistencia hacia su Corriente natural de Bienestar.* <u>La enfermedad es cuestión de resistencia, no de edad.</u>

Euforia en las fauces de un león

Jerry: Escuché que un hombre famoso, el doctor Livingstone, cuando estaba en África, fue arrastrado por un león que lo atrapó en sus fauces. Él dijo que estuvo en un estado de euforia y no sintió ningún dolor. He visto presas claudicar así cuando están a punto de ser consumidas por un animal más grande. Es casi como si se rindieran y dejaran de luchar. Pero mi pregunta está relacionada con lo que él menciona acerca de no tener dolor. ¿Lo que él llamaba *euforia* es una condición mental o una condición física?

Y, ¿es algo que solamente ocurre en condiciones extremas como cuando uno está a punto de ser consumido o asesinado, o puede ser utilizado por cualquiera ante una situación dolorosa con el fin de no sentir dolor?

Abraham: Primero que todo, debo decirte que no puedes separar en verdad lo físico de lo mental ni de lo que proviene de tu Ser Interior o Superior. Es decir, estás físicamente enfocado en el Ser, *sí;* y también eres un Ser mental, *sí;* pero la Fuerza o Energía Vital que proviene de tu interior es ofrecida desde una Perspectiva más Amplia. En dicha situación en donde es más probable que no te recuperes, es decir, una vez que estés en las fauces de un león (por lo general, *él* será el vencedor); *tu Ser Interior interviene y ofrece un flujo de Energía que podrías recibir como una especie de estado eufórico.*

No tienes que esperar hasta vivir una situación tan intensa antes de tener acceso a la Corriente de Bienestar de la Fuente, pero la mayoría de las personas no la permite hasta que no le queda otro remedio. Tuviste razón al escoger la palabra *rendirse* para permitir que la Corriente de Bienestar fluya de manera poderosa. Pero deseamos que entiendan que en realidad es cuestión de "rendirse" a seguir la *lucha,* la resistencia, no al *deseo* de continuar viviendo en este cuerpo físico. Tienen que tener todo eso en cuenta cuando examinan situaciones específicas. Algunas personas con menos entusiasmo por la vida, con menos determinación para vivir y seguir consiguiendo éxitos, pueden muy bien experimentar un resultado muy distinto y terminar siendo devoradas por el león. *Todo lo que experimentan está relacionado con el equilibrio entre sus deseos y sus expectativas.*

Un estado de *permitir* es algo que debe ser practicado en circunstancias diarias, no en medio de un ataque de leones. Pero inclusive en medio de dicha situación tan intensa, el poder de sus intenciones siempre ocasionará el resultado. La alineación practicada, atraída por medio de pensamientos que los hacen sentir bien, es el camino para estar libre de dolor. El dolor es solamente un indicador más enfático de resistencia. Primero, hay emoción negativa, luego más emoción negativa, luego más emoción negativa, (tienen un amplio margen de tiempo aquí), luego viene la sensación, y luego el dolor.

Les decimos a nuestros amigos físicos: si sienten emoción negativa y no se dan cuenta de que es un indicador que les está dejando saber que están teniendo un pensamiento de resistencia, por la *Ley de Atracción,* su pensamiento de resistencia aumentará. Si siguen sin hacer nada para alinearse y para atraer pensamientos que los hacen sentir mejor, crecerá todavía más, hasta que eventualmente experimentarán dolor y enfermedades, u otros indicadores de su resistencia.

¿Cómo puede alguien que está sintiendo dolor enfocarse en otra cosa?

Jerry: Bien, los he escuchado decir que para que podamos sanarnos, debemos deshacernos de los pensamientos relacionados con el problema y pensar en lo que deseamos. Pero cuando estamos sufriendo de un dolor, ¿cómo podemos no sentirlo? ¿Cómo podemos retirar la atención del problema lo suficiente como para concentrarnos en algo que deseamos?

Abraham: Estás en lo cierto. Es muy difícil no pensar en un "dedo del pie con un dolor punzante." La mayoría de ustedes no piensa con claridad respecto a lo que desea hasta que está viviendo lo que no desea. La mayoría de ustedes vaga sin rumbo por su día, moviéndose a ciegas de aquí hacia allá, sin ofrecer pensamientos verdaderamente conscientes. Como no entienden el poder de sus pensamientos, por lo general no ofrecen pensamientos realmente deliberados hasta que se enfrentan con algo que no desean. Y luego, una vez que se enfrentan con algo que no desean, lo atacan por completo. Entonces, le prestan atención, lo cual, conociendo la *Ley de Atracción,* como la conocemos, solamente empeora las cosas... Y entonces, nuestro consejo es: *busquen momentos (o segmentos) en que no estén sintiendo dolores punzantes y enfóquense en el Bienestar.*

Tienen que encontrar la manera de separar lo que está ocurriendo en la experiencia de su respuesta emocional ante lo que está ocurriendo. Es decir, pueden estar sintiendo dolor en sus cuerpos y durante el dolor pueden sentir *miedo;* o pueden tener un dolor en sus cuerpos y sentir *esperanza.* El dolor no tiene que dictar su actitud o los pensamientos que tienen. Es posible pensar en algo distinto al dolor. Y si pueden lograrlo, entonces con el tiempo, el dolor pasará. Sin embargo, si una vez que llega el dolor, le prestan su atención completa, solamente perpetuarán más de lo que no desean.

Alguien que se haya enfocado negativamente en una variedad de temas y *ahora* esté sintiendo dolor, tiene que superarlo *y* enfocarse positivamente. Como ven, su hábito negativo de pensamientos atrajo la enfermedad y, de repente, cambiar a los pensamientos positivos requeridos para recuperar la salud probablemente no será un proceso rápido, porque ahora tienen que lidiar con ese dolor o enfermedad que los perturba, o con ambos. *Es mucho más fácil conseguir la* salud preventiva *que la* salud correctiva *pero, en todo caso, la clave son los pensamientos que les hacen sentir mejoría, los pensamientos que les ofrecen un alivio muchísimo mayor.*

Incluso en el caso en que estén experimentando mucho dolor, hay momentos de mayor o menor molestia. Escojan los momentos en que se sienten mejor dentro del rango de su experiencia para encontrar aspectos positivos, y escojan pensamientos que los hagan sentir mejor. Y mientras siguen buscando pensamientos que les atraen mayor alivio emocional, esta inclinación positiva los llevará eventualmente de regreso al Bienestar, siempre, sin excepciones.

Mi estado natural es de Bienestar

Abraham: Su esencia es buena salud y Bienestar; y si están experimentando cualquier cosa distinta, hay resistencia presente en su vibración. La *resistencia* es causada al enfocarse en la carencia de lo deseado... *Permitir* es causado al enfocarse en lo deseado...

La *resistencia* es causada por pensamientos que no corresponden con la perspectiva de su Fuente... *Permitir* se experimenta cuando sus pensamientos actuales *corresponden* con la perspectiva de su Fuente.

Su estado natural es de buena salud, de excelente buen estado, de perfectas condiciones físicas, y si están experimentando algo distinto, es solamente debido a que el equilibrio de pensamientos en su interior está inclinado hacia la carencia de lo que desean en lugar de hacia lo que <u>*desean.*</u>

Es su resistencia lo que causa una enfermedad en primer lugar; y es su resistencia a la enfermedad lo que la mantiene en su lugar una vez que ocurre. Su atención hacia lo que *no* desean crea cosas indeseadas en su experiencia, es lógico entonces que su atención a lo que *desean* sea lo apropiado.

A veces creen que están pensando en sentirse bien, cuando en realidad están preocupados porque están enfermos. Y la única manera de asegurarse de la diferencia vibratoria es prestando atención a la emoción que siempre acompaña sus pensamientos. *Llegar a sentir la manera de tener pensamientos que promuevan la buena salud es mucho más fácil que intentar pensar que ya están ahí.*

Comprométanse a sentirse bien y luego dirijan sus pensamientos acorde, y descubrirán, que sin darse cuenta, han estado albergando resentimientos, baja autoestima y sentimientos de impotencia. Pero ahora que han decidido prestarle atención a sus emociones, estos pensamientos de resistencia causantes de enfermedades ya no pasarán inadvertidos. No es natural que estén enfermos, y no es natural albergar emociones negativas porque, en su esencia, ustedes son como su *Ser Interior: están bien y se sienten muy, muy bien.*

¿Cómo pueden los pensamientos de un bebé atraer enfermedades?

Jerry: ¿Cómo podría un bebé atraer una enfermedad de la que todavía ni siquiera tiene conciencia?

Abraham: Primero deseamos declarar, sin lugar a dudas, que tú eres el único creador de tu propia realidad; pero es importante comprender que ese "tú" que conoces tal cual es no comenzó como el bebé nacido de tu madre. Eres un Ser Eterno que has tenido muchas experiencias de vida, y has surgido en este cuerpo físico con un largo trasfondo de creación tras de ti.

La gente piensa a menudo que el mundo sería mucho mejor si todos los recién nacidos llegaran cumpliendo todos los estándares de un cuerpo físico "perfecto," pero esta no es necesariamente la intención de cada Ser que surge en un cuerpo físico. Hay muchos Seres que —debido a que el contraste crea un efecto interesante que se comprueba valioso en muchas otras formas— tienen la intención deliberada de variar de lo que es llamado "normal." Es decir, no puedes asumir que algo malo ha ocurrido cuando nacen bebés con diferencias.

Imagínate a un atleta que ha llegado a ser un excelente jugador de tenis. La gente que está en las gradas observando el juego puede asumir que este jugador se siente la persona más feliz del mundo, porque va a jugar contra un oponente con menos habilidades a quien puede vencer con facilidad, pero el atleta podría muy bien preferir exactamente lo opuesto: a los mejores oponentes, aquellos que hacen que él tenga que usar un enfoque y una precisión que no haya tenido que practicar con anterioridad. De igual manera, *muchos que están en la cima de su juego en la creación física, desean oportunidades para ver la vida de forma diferente, para evocar nuevas opciones y vivir nuevas experiencias. Y estos Seres también comprenden que pueden ser de tremendo beneficio para que sus seres cercanos experimenten algo distinto a lo "normal."*

La gente asume incorrectamente que puesto que un bebé no puede hablar, no puede crear su propia realidad, pero este no es el caso. Ni siquiera las personas que poseen lenguaje están creando a través de palabras, sino de pensamientos. Sus bebés piensan cuando nacen, y antes de nacer ya están vibrando conscientemente. Las frecuencias vibratorias de los bebés son afectadas de inmediato por las vibraciones que los rodean durante el nacimiento, pero no hay razón para preocuparse por ellos pues, al igual que ustedes, nacieron con un *Sistema de Guía* para ayudarlos a discernir las diferencias entre ofrecer pensamientos beneficiosos y bloquear pensamientos de Bienestar.

¿Por qué nacen algunos con enfermedades?

Jerry: Ustedes hablan del "equilibrio de pensamientos" pero, ¿puede haber equilibrio de pensamientos incluso antes de nacer? ¿Es esa la razón por la cual alguien puede nacer con un problema físico?

Abraham: Así es. Igual como el equilibrio de sus pensamientos equivale ahora a lo que están viviendo, el equilibrio de los pensamientos que sostenían antes de su nacimiento también equivalía a lo que estaban viviendo. Pero deben comprender que también existen casos en que algunos seres decidieron deliberadamente venir con algún tipo de "discapacidad física," porque deseaban el beneficio que sabían que podían obtener. Deseaban añadir un poco de equilibrio a su perspectiva.

Antes de venir a este cuerpo físico, comprendían que no importaba dónde estuvieran, podían tomar una nueva decisión respecto a lo que deseaban. Entonces, no se preocupaban por el punto inicial de su cuerpo físico porque sabían que si esta condición los inspiraba a algo distinto, el nuevo deseo sería posible. Hay muchas personas que han logrado un tremendo éxito en muchas áreas de la vida y que han nacido en lo que serían consideradas condiciones extremadamente opuestas al éxito. Y esos comienzos duros y difíciles les fueron de muchísima utilidad, porque de esa pobreza o discapacidad surgió un intenso deseo, y ahí fue cuando comenzaron a *pedir* para así lograr que el éxito comenzara a fluir hacia ellos.

Todos los Seres que han surgido en este cuerpo físico saben perfectamente bien en qué clase de cuerpo van a llegar; y ustedes deben confiar en que si nacen y siguen vivos es porque era su intención hacer eso desde lo No Físico. Y, sin excepción, cuando la posición en la que se encuentran actualmente origina que tomen otra decisión respecto a lo que desean *ahora*, tienen la habilidad, si enfocan sus pensamientos, de lograr la esencia de esa creación.

La mayoría de las personas que está atrayendo una salud menos que perfecta, lo está haciendo de forma inconsciente. Puede ser que deseen tener buena salud, pero la mayoría de sus pensamientos están enfocados en temas que no apoyan la buena salud. *No es buena idea desde su perspectiva, intentar evaluar lo apropiado o no de lo que los demás están viviendo, porque jamás serán capaces de llegar a comprenderlo. Pero siempre sabrán en dónde están <u>ustedes</u> con relación a lo que desean. Y si prestan atención a lo que están pensando, y dejan que sus pensamientos sean guiados por el sentimiento que proviene de su interior, se verán guiando sus pensamientos la mayor parte del tiempo en dirección a lo que finalmente les agrada.*

Hablemos sobre el concepto de las enfermedades "incurables"

Jerry: La más reciente de las llamadas enfermedades "incurables" es el SIDA, y sin embargo, ahora estamos comenzando a ver sobrevivientes de SIDA, personas que han vivido más del término de vida que les habían dicho que llegarían a vivir. ¿Qué le aconsejan a alguien que ya está enfermo de SIDA y ahora desea ayuda?

Abraham: *No existe un aparato físico, sin importar el estado de deterioro, que no pueda lograr una salud perfecta...* Pero lo que *crees* tiene todo que ver con lo que *permites* en tu experiencia. Si estás convencido de que algo no es curable —que es "fatal"— y luego te dicen que padeces de eso, por lo general *creerás* que no vas a sobrevivir...; y no lo harás.

No obstante, tu supervivencia no tiene nada que ver con la enfermedad y todo que ver con tus pensamientos. Por eso, si dices: Puede que eso sea cierto para los demás, pero no lo es para mí, porque soy el creador de mi experiencia, y escojo la recuperación y no la muerte, en esta ocasión... puedes recuperarte.

Es fácil para nosotros decirles esto, pero no es tan fácil escucharlo para aquellos que no creen en su poder para crear, sin embargo, su experiencia siempre refleja el equilibrio de sus pensamientos. *Tu experiencia es una clara indicación de tus pensamientos. Cuando cambias tus pensamientos, también cambia tu experiencia, o sea, tu indicador. Es la Ley.*

Enfocarnos en la diversión para recuperar la salud

Jerry: Norman Cousins fue un escritor que contrajo una enfermedad considerada incurable. (Creo que nadie se había recuperado nunca de eso.) Pero él sobrevivió, y dijo que lo había logrado viendo una serie de programas humorísticos de televisión. Según entiendo, lo único que hizo fue ver estos programas y reírse, y la enfermedad desapareció. Según ustedes, ¿cuál es la razón de esta recuperación?

Abraham: Pudo lograr su recuperación porque logró la alineación vibratoria con el Bienestar. Hay dos factores primordiales involucrados en el hecho de haber conseguido su alineación vibratoria: Primero, *su deseo de buena salud fue incrementado dramáticamente debido a su enfermedad;* y segundo, *los programas que veía lo distraían de la enfermedad, el placer que sentía cuando se reía ante el humor de los programas era la indicación de que había cesado el bloqueo de su Bienestar.* Estos son los dos factores requeridos en la creación de cualquier cosa: *Desearla y permitirla.*

Por lo general, una vez que las personas se han enfocado tanto en sus problemas que han bloqueado su Bienestar y están gravemente enfermas, giran su total atención hacia la enfermedad, perpetuándola aún más. Algunas veces un doctor puede mejorar tus creencias respecto a la buena salud si posee un proceso o un remedio que él cree que puede ayudarte. En este caso, el *deseo* es amplificado debido a la enfermedad, y la *creencia* es mejorada debido al remedio propuesto; pero en el caso de la enfermedad presuntamente incurable, o en el caso de la enfermedad supuestamente *curable*, los dos factores que atraen la sanación son los mismos: *deseo* y *creencia.*

Cualquiera que tenga expectativas de su Bienestar puede lograrlo en cualquier condición. La clave es tener *expectativas* de Bienestar, o como en tu ejemplo, simplemente distrayéndose de su *carencia* de Bienestar.

¿Ignorar la enfermedad la resuelve?

Jerry: A lo largo de mi vida como adulto, jamás me he sentido tan enfermo como para dejar de hacer el trabajo que me propongo en un día dado. Es decir, siempre sentía que mi trabajo era tan importante que ni siquiera consideraba *no* hacerlo. Sin embargo, me di cuenta que si comenzaba a sentirme un poco mal, como en el caso de las primeras etapas de una gripe o un resfriado, una vez que me enfocaba en lo que tenía que hacer respecto a mi trabajo, los síntomas desaparecían. ¿Se debe esto a que me enfocaba en algo que *deseaba?*

Abraham: Debido a tu fuerte *intención* de realizar tu trabajo, y a que lo disfrutabas, tenías la ventaja de sentir un fuerte impulso hacia tu Bienestar. De este modo, cuando parecía que algo disminuía tu Bienestar debido a que habías prestado atención a algo indeseado, sólo debías enfocarte en tu intención acostumbrada, tu alineación regresaba con rapidez y los síntomas de la falta de alineación desaparecían velozmente.

Con frecuencia, tratan de lograr demasiadas cosas a través de la acción, y al hacerlo, se sienten cansados o abrumados, y estos sentimientos son su indicador de que es hora de detenerse y refrescarse. Pero, a menudo, se esfuerzan mucho en la acción en vez de tomar el tiempo de refrescarse y alinearse de nuevo, y esta es una razón muy común para que comiencen a surgir síntomas desagradables.

La mayoría de las personas, cuando tiene síntomas de enfermedades, comienza a prestarle atención a los síntomas y por general se inclina con rapidez hacia más molestias y falta de alineación. La clave es darse cuenta pronto de su falta de alineación. Es decir, cada vez que sienten emoción negativa, esta es su señal para buscar un pensamiento distinto que mejore su equilibrio vibratorio, pero si no lo hacen, su señal se intensifica, hasta que eventualmente pueden sentir molestias físicas. Aunque incluso en ese momento, como en el ejemplo que acabas de darnos, pueden enfocarse de nuevo en algo que desean (alejando su atención de lo que los ha hecho perder su equilibrio) y regresar a la alineación, y los síntomas de la enfermedad deben entonces desaparecer. *No existe condición alguna de la que no puedan recuperarse, pero es mucho más fácil si se dan cuenta en las etapas sutiles y tempranas.*

Algunas veces, estar enfermos es un escape de algo que no desean hacer; y luego, en su entorno, *permiten* en gran manera el surgimiento de enfermedades para no tener que hacer nada. Pero cuando continúan con este tipo de juego con ustedes mismos, están abriendo las puertas a enfermedades más y más y más graves.

¿Cuál es el efecto de las vacunas en las enfermedades?

Jerry: Si creamos nuestras enfermedades a través de los pensamientos, entonces, ¿por qué las *vacunas* —como la del polio— parecen casi poner fin a la propagación de ese tipo particular de enfermedades?

Abraham: La enfermedad amplifica su *deseo,* y la vacuna amplifica su *creencia.* Por lo tanto, han logrado un equilibrio delicado de creación. *Lo desean y lo permiten, o lo creen y así es.*

¿Qué pasa entonces con los médicos, los sanadores espirituales y los curanderos?

Jerry: Y bien, esto me lleva a mi siguiente pregunta. *Curanderos, sanadores espirituales* y *médicos...* todos tienen fama de *sanar* a algunas personas y también de *perder* a algunos de sus pacientes. ¿Cuál es, según ustedes, el papel de dichas personas en los pensamientos o en la vida?

Abraham: Lo importante que ellos tienen en común es que estimulan la *creencia* en sus pacientes. La primera parte del equilibrio de la creación ha sido lograda debido a que la enfermedad ha incrementado el *deseo* de buena salud, y todo aquello que atraiga *fe* o *expectativas* rinde resultados positivos. Cuando la medicina y la ciencia dejen de buscar *curas* y comiencen a buscar *causas vibratorias* o desequilibrios, verán una tasa de recuperación mucho mayor.

Si un doctor no *cree* que te puedes recuperar de tu enfermedad, tu asociación con ese doctor es extremadamente perjudicial. Y con frecuencia, médicos bien intencionados defenderán sus dudas respecto a tu recuperación señalando las probabilidades en contra, diciéndote que no es probable que seas la excepción. El problema con esta lógica, aunque esté basada en hechos o en evidencia que la medicina y la ciencia han llegado a concluir, es que no tiene nada que ver contigo. Solamente existen dos factores que tienen todo que ver con tu recuperación: tu *deseo* y tu *creencia*. Y este diagnóstico negativo obstaculiza tu *creencia*.

Si sientes un deseo *intenso* de recuperarte, y los doctores no te dan ninguna *esperanza*, es lógico que busques enfoques alternativos en donde la esperanza no sea solamente permitida sino estimulada, porque hay mucha evidencia que demuestra que las personas pueden recuperarse de enfermedades supuestamente "incurables".

Sus médicos como vehículos para lograr el Bienestar

Abraham: No condenen su medicina moderna, porque ha sido creada debido a los pensamientos, deseos y creencias de los miembros de su sociedad. Pero deseamos que sepan que ustedes tienen el poder para lograr todo lo que desean, pero no pueden buscar fuera de ustedes para validarlo; su validación proviene de su interior en forma de emociones.

Busquen primero su alineación vibratoria, y luego practiquen la acción inspirada. Dejen que su comunidad médica los asista en su recuperación, pero no le pidan lo imposible, no le pidan una cura para compensar su falta de alineación con la Energía.

Si no *piden* no puede haber *respuestas*, y la atención a un problema es en realidad *pedir* una solución, por eso no es poco usual que los doctores examinen sus cuerpos físicos buscando problemas para los cuales podrían tener una solución. Pero *buscar problemas* es un poderoso catalizador para *atraerlos*, por eso, médicos bien intencionados, a menudo son más instrumentales en perpetuar más enfermedades de lo que son para encontrar las curas para enfermedades. *No les estamos sugiriendo que ellos no desean ayudarlos; estamos diciendo que su intención dominante, cuando los examinan, es encontrar evidencia de que algo anda mal. Y puesto que esta es su intención dominante, lo atraen más que cualquier otra cosa.*

Con el tiempo, después de haber estado involucrados en eso durante un largo periodo, comienzan a creer en la falibilidad del hombre. Comienzan a advertir más a menudo lo que está mal que lo que está bien, y esta es la razón por la que muchos de ellos comienzan a atraer enfermedades en sus propias experiencias.

Jerry: ¿Es esa entonces la razón por la que a menudo, los doctores no pueden sanarse a ellos mismos?

Abraham: Esa es la razón. No es fácil enfocarse en lo negativo de los demás sin experimentar emoción negativa en el interior de su propio ser, y las enfermedades existen porque permiten el negativismo. *Aquel que jamás experimenta negativismo, jamás se enferma.*

¿Qué puedo hacer para ayudarlos?

Jerry: ¿Qué es lo mejor que puedo hacer, como individuo, para ayudar a otras personas que están teniendo problemas físicos?

Abraham: *Jamás ayudas a nadie cuando te permites ser una caja de resonancia para sus quejas. Verlos como sabes que ellos desean estar es lo más valioso que puedes hacer por ellos.* Algunas veces esto implica que te alejes de su lado porque cuando estás cerca de ellos, es difícil no advertir sus quejas. Podrías decirles: "He aprendido sobre el poder de mi atención y mis pensamientos, y por eso cuando te oigo hablar de lo que sé que no deseas, debo decirte que prefiero alejarme de ti, porque no deseo contribuir a tu creación negativa." Intenta distraerlo de sus quejas; intenta ayudarlo a enfocarse en algunos aspectos positivos...; haz lo mejor que puedas para imaginar su recuperación.

Sabrás si estás siendo de valor para alguien cuando eres capaz de pensar en la persona y sentirte bien al mismo tiempo. Cuando amas a los demás sin preocuparte por ellos, eres de beneficio para ellos. Cuando disfrutas de su presencia, los ayudas. Cuando tienes expectativas de su éxito, los ayudas. Es decir, cuando los ves como tu propio <u>Ser Interior</u> *los ve, entonces –y sólo entonces– tu asociación con ellos es para su beneficio.*

Pero, ¿y si están en estado de coma?

Jerry: De vez en cuando alguien me dice: "Tengo un amigo o un familiar que está en estado de coma." ¿Hay algo que pueda hacer por un ser querido que se encuentre en un estado inconsciente?

Abraham: Ustedes se comunican con las personas que los rodean más de forma vibratoria que con palabras, por eso, aunque tu ser querido no demuestre señales de que te reconoce, no significa que tu comunicación no ha sido recibida en algún nivel. *Puedes incluso comunicarte con las personas que han hecho su transición física hacia lo que ustedes llaman "muerte," no asumas entonces que un estado en apariencia inconsciente ha obstruido tu comunicación.*

La principal razón por la que las personas permanecen en estado de coma o inconscientes es que están buscando una renovación de los pensamientos de carencias que los han estado bloqueando. Es decir, aunque hayan retirado su atención consciente de los detalles de su vida normal, están en un estado de comunicación vibratoria con su propio *Ser Interior*. Es una oportunidad para hacer una renovación y es a menudo un momento para tomar decisiones en donde, en realidad, están determinando si encontrarán su alineación regresando a lo No Físico, o si desean despertarse de regreso en sus cuerpos físicos. En muchos aspectos, no es muy distinto a nacer en sus cuerpos físicos por primera vez.

La mejor actitud que puedes tomar respecto a estas personas es la siguiente: *Deseo que hagas lo que es importante para ti. Apruebo lo que decidas. Te amo incondicionalmente. Si te quedas, mi júbilo será enorme...; y si te vas, también. Haz lo mejor para ti.* Esto es lo mejor que puedes hacer por ellos.

Jerry: Entonces, esas personas que se quedan durante años en un estado así... ¿están haciendo lo que ellos *desean*?

Abraham: *Muchos de ellos, si duran así por largos periodos, tomaron hace mucho tiempo la decisión de no regresar, y alguien en el plano físico invalidó su decisión y los mantuvo conectados a una máquina, pero hace mucho tiempo que su Conciencia partió y no regresará a su cuerpo.*

¿Puedo heredar la enfermedad de mi abuela?

Jerry: He escuchado a la gente decir: "Sufro de dolor de migraña porque mi madre sufría de migrañas," o "Mi madre está pasada de peso, mi abuela lo estaba y mis hijos también lo están." ¿Algunas personas heredan los problemas físicos?

Abraham: Lo que parece ser una tendencia heredada es por lo general la respuesta de la *Ley de Atracción* a los *pensamientos* que aprendieron de sus padres. Sin embargo, las células de su cuerpo son también mecanismos pensantes, y sus células —como ustedes— pueden aprender la vibración de las personas que los rodean.

No obstante, cuando identifican un deseo y encuentran pensamientos que los hacen sentir bien —lo que indica que están en alineación vibratoria con su *Ser Interior* o Fuente— las células de su cuerpo se alinean rápidamente con la vibración de Bienestar que sus pensamientos positivos han establecido. Las células de su cuerpo no pueden desarrollar tendencias negativas que conlleven a las enfermedades cuando están en alineación con su Fuente. Sus células solamente pueden perder su alineación cuando *ustedes* lo hacen.

Tu cuerpo es una extensión de tus pensamientos. Tus síntomas negativos contagiosos o "heredados" están apoyados por tus pensamientos negativos y no pueden ocurrir en la presencia constante de pensamientos positivos, independientemente de las enfermedades que hayan experimentado tus padres.

Jerry: Si escucho a mi madre hablar sobre sus dolores de cabeza y lo acepto, ¿entonces puedo empezar a tener dolores de cabeza yo también?

Abraham: *Lo escuches de tu madre o de cualquier otra persona, tu atención hacia algo que no deseas, te atraerá con el tiempo la esencia de eso.* El dolor de cabeza es un síntoma de resistencia al Bienestar, lo que ocurre cuando te mantienes en contradicción vibratoria con el Bienestar de tu *Ser Interior*. Por ejemplo, preocuparse por el trabajo o sentir ira hacia tu gobierno pueden causar síntomas físicos: *no tienes que enfocarte en un dolor de cabeza para tenerlo.*

Jerry: Si escucho a mi madre quejarse de dolores de cabeza y lo rechazo conscientemente y digo: "Eso será para ti, pero no es para mí," ¿me protege eso de alguna manera?

Abraham: Siempre es beneficioso para ti hablar de lo que deseas, pero no puedes permanecer en alineación con *quien en verdad eres* y al mismo tiempo enfocarte en el dolor de cabeza de tu madre. *Hablar de lo que deseas mientras observas lo que no deseas no te coloca en alineación con lo que deseas. Aleja tu atención de las cosas* *que no deseas y presta atención a las cosas que deseas atraer.* Enfócate en algunos aspectos de tu madre que te hagan sentir bien, o enfócate en algo distinto a tu madre que te haga sentir bien.

¿Cuál es el papel de los medios de comunicación en las epidemias?

Jerry: Hace poco escuché que están aplicando vacunas gratis contra la gripe en mi ciudad para todos aquellos que la deseen. ¿Afectarán estas noticias la propagación del virus de la gripe?

Abraham: Sí, tendrá mucho valor para la propagación del virus de la gripe. No existe hoy mayor fuente de influencia negativa en su ambiente que su televisión. Por supuesto, como en toda parte de su entorno, existe lo deseado y lo indeseado, y ustedes tienen la habilidad de enfocarse y, por lo tanto, recibir valor de su televisión y de sus medios de comunicación; pero esas fuentes les transmiten puntos de vista tremendamente distorsionados y desequilibrados. Estos medios van por todo el mundo buscando lugares caóticos, lanzando reflectores sobre ellos, agrandándolos, exagerando lo malo con música dramática y luego dirigiendo todo hacia sus salas, entregándoles una visión tremendamente distorsionada del caos versus el Bienestar de su planeta.

El constante bombardeo de comerciales de medicinas por las farmacéuticas, es una fuente poderosa de influencia negativa al decirles que "una de cada cinco personas corre el riesgo de tener tal enfermedad, y tú eres probablemente una de ellas." Ellos los inducen para que piensen en eso y luego les dicen: "Vea a su médico." Y cuando van a ver a su médico (recuerden, la *intención* del médico es encontrar algo *malo*), se originan o incrementan sus expectativas negativas. Y con suficiente de esa influencia, su cuerpo comienza a manifestar la evidencia de esos pensamientos dominantes. La medicina de hoy en día está más avanzada que nunca, no obstante, ustedes se enferman más que nunca.

Recuerden, para crear algo, solamente tienen que *pensar en eso* —y luego tener expectativas de que ocurra— y así será. Ellos les muestran las estadísticas; les cuentan las historias de horror; estimulan sus pensamientos, y al hacer esto en gran detalle, sienten la emoción: el *terror,* el *miedo... ¡no quiero que me ocurra eso!* Y así completan la mitad de la ecuación. Luego los animan para que se hagan un examen médico o para que reciban vacunas contra la gripe: "Desde luego que sabemos que hay una epidemia, si no nos estuviesen ofreciendo vacunas gratis," y esto completa la *expectativa* o la parte de *permitir*, y ahora están en la posición perfecta para recibir la gripe o la esencia de lo que sea que ellos estén hablando.

Obtienen lo que piensan lo deseen o no. Y por eso, es muy valioso que comiencen a practicar su propia historia respecto a su Bienestar, para que cuando la televisión presente esa historia aterradora (la que no desean vivir), puedan escuchar su versión y reírse de eso en vez de temerlo.

Observen las sensaciones de incomodidad mientras sean leves

Abraham: La primera indicación de que están bloqueando su Bienestar físico les llega en forma de emoción negativa. No verán el deterioro de su cuerpo físico a la primera señal de emoción negativa, pero enfocarse en temas que causan un sentimiento prolongado de emoción negativa causará eventualmente enfermedades.

Si no estás consciente de que la emoción negativa indica la falta de armonía vibratoria que está bloqueando el nivel de Bienestar que estás pidiendo, podrías, como la mayoría de las personas, aceptar cierto nivel de emoción negativa y sentir que no tienes que hacer nada al respecto. Muchas personas, aunque sienten una alarma ante el nivel de emoción negativa o estrés que están sintiendo, no saben qué hacer al respecto porque creen que están reaccionando a condiciones o circunstancias que están fuera de su control. De esta manera, ya que no pueden controlar estas condiciones indeseadas, se sienten impotentes para cambiar lo que sienten.

Deseamos que comprendan que sus emociones llegan como respuesta a su enfoque, y en todas las condiciones, ustedes tienen el poder de encontrar pensamientos que los hagan sentir ligeramente mejor o ligeramente peor; y cuando escogen consistentemente sentirse un poco mejor, la *Ley de Atracción* les brinda mejoría constante a su experiencia. *La clave para lograr y mantener un estado físico de Bienestar es advertir los indicadores de incomodidad en sus primeras etapas. Es mucho más fácil enfocar de nuevo sus pensamientos en las etapas tempranas y sutiles, que después que la* Ley de Atracción *ha respondido a los pensamientos negativos crónicos, atrayendo mayores resultados negativos.*

Si puedes tomar la decisión de jamás permitir que la emoción negativa perdure en tu interior, y al mismo tiempo reconocer que es tu responsabilidad enfocar tu atención con el fin de sentirte mejor, en vez de pedirle a otra persona que haga algo distinto o esperar que cambien algunas circunstancias, no solamente serás una persona muy sana, sino una persona alegre. *La alegría, la gratitud, el amor y la salud son sinónimos. El resentimiento, la envidia, la depresión, la ira y las enfermedades son sinónimos.*

¿Existe algún tipo de cura para la artritis y el Alzheimer?

Jerry: ¿Pueden curarse las articulaciones retorcidas causadas por la artritis o la pérdida de la memoria causada por el Alzheimer? ¿Es posible recuperarse de estos tipos de enfermedades a cualquier edad?

Abraham: Las condiciones de tu cuerpo físico son verdaderos indicadores vibratorios del equilibrio de tus pensamientos, y por eso cuando cambias tus pensamientos, también deben cambiar los indicadores. La única razón por la que algunas enfermedades parecen tan obstinadas y persistentes es debido a que sus pensamientos a menudo también son obstinados y persistentes.

Con frecuencia, muchas personas aprenden sus patrones de pensamientos contraproducentes basados en "verdades" de las cuales han sido testigos o han aprendido, y cuando se aferran obstinadamente a esos patrones de pensamientos (que no les hacen nada bien), experimentan los resultados de esos pensamientos. Y luego surge un desagradable ciclo en donde piensan respecto a cosas *indeseadas* (cosas indeseadas válidas y verdaderas) y al hacerlo, debido a la *Ley de Atracción,* evitan que las cosas *deseadas* les lleguen a su experiencia y permiten más bien las cosas *indeseadas;* luego se enfocan más en esas cosas indeseadas, causando que les lleguen más de éstas.

Pueden lograr un cambio en todas las experiencias, pero tienen que comenzar a ver su mundo de forma diferente. Tienen que contar la historia de lo que desean en vez de cómo es en realidad. Cuando escogen la dirección de sus pensamientos y conversaciones, según cómo se sienten cuando piensan o hablan, entonces comienzan a ofrecer vibraciones *deliberadas.* Son Seres Vibratorios, lo sepan o no, y la *Ley de Atracción* está respondiendo eternamente a las vibraciones que están ofreciendo.

Jerry: ¿Pueden químicos, tales como el alcohol, la nicotina o la cocaína afectar negativamente al cuerpo?

Abraham: *Tu buena salud física se afecta mucho más por tu equilibrio vibratorio que por las cosas que pones en tu cuerpo. Algo todavía mucho más significativo a tu pregunta es el hecho de que desde tu lugar de alineación vibratoria, no te sentirías inclinado hacia ninguna sustancia que desvirtúe tu equilibrio.* Casi sin excepción, la búsqueda de estas sustancias proviene de un lugar de menor alineación. *De hecho, el impulso de participar de estas sustancias proviene de un deseo de llenar el vacío presente debido al desequilibrio vibratorio.*

¿Son el ejercicio y la nutrición factores incidentes en la salud?

Jerry: ¿Son beneficiosos para nuestra salud la buena nutrición y el ejercicio?

Abraham: Puedes haber notado que hay personas que seleccionan deliberadamente sus alimentos y hacen ejercicios, y cuyo Bienestar físico es obvio. Y están los que parecen hacer un esfuerzo tremendo respecto a la comida y al ejercicio, y luchan sin éxito durante años por obtener beneficios y mantener su Bienestar físico. Lo que ustedes hacen respecto a la acción es mucho menos importante que los pensamientos que tienen, lo que sienten, su equilibrio vibratorio o la historia que cuentan.

Cuando se toman el tiempo de encontrar el equilibrio vibratorio, el esfuerzo físico que aplican les dejará resultados maravillosos, pero si primero no atienden su equilibrio vibratorio, no hay suficiente acción en el mundo que pueda compensar esa falta de alineación de su Energía. Desde su lugar de alineación, se sentirán inspirados hacia las conductas que los beneficiarán, así como desde su lugar de falta de alineación, se sentirán inspirados hacia las conductas perjudiciales.

Jerry: Recuerdo haber escuchado una frase de Sir Winston Churchill (líder británico durante la Segunda Guerra Mundial), que dijo: "Nunca corro si puedo caminar, nunca camino si puedo quedarme de pie, nunca me quedo de pie si me puedo sentar, ni me siento si me puedo acostar," y siempre fumaba un enorme cigarro. Vivió hasta los noventa años de edad, y hasta donde yo sé, en muy buena salud. Pero su estilo de vida no era lo que hoy consideramos sano, ¿se trataba entonces simplemente de un factor de *fe*?

Abraham: ¿Morir a una edad tan joven? [Risas] La única razón por la que hay tantas personas confundidas respecto a la conducta apropiada para la vida sana, es que solamente están teniendo en cuenta el factor conducta y están dejando fuera la parte de la ecuación que es más responsable para cada resultado: lo que piensan, lo que sienten y la historia que cuentan.

¿Qué pasa cuando una persona sana se siente cansada casi todo el tiempo?

Jerry: Si una persona parece estar en buen estado pero se siente cansada o apática casi todo el tiempo, ¿qué solución sugieren?

Abraham: La gente a menudo se refiere a este estado de cansancio o apatía como un estado de baja Energía, y esta es en realidad una buena manera de decirlo. Aunque no pueden desconectarse de su Fuente de Energía, cuando ofrecen pensamientos que contradicen a esa Fuente, el sentimiento resultante es de resistencia o baja Energía. *Lo que sienten siempre está relacionado con el nivel de alineación o falta de alineación con su Fuente. Sin excepciones.*

Cuando cuentan la historia de lo que desean (la historia que la Fuente en su interior siempre les dice), se sienten contentos y llenos de Energía. El sentimiento de baja Energía es siempre resultado de contar una historia distinta a la misma historia expandida que la Energía de su Fuente está contando. Cuando cuentan una historia que se enfoca en los aspectos positivos de su vida, se sienten energizados. Cuando cuentan una historia que se enfoca en los aspectos negativos, se sienten enervados. Cuando se enfocan en la ausencia de algo que desean en su experiencia presente, sienten emoción negativa. Cuando se imaginan una condición mejorada, sienten emoción positiva. *Lo que sienten siempre tiene que ver con la relación entre el objeto de su atención y su verdadero deseo. Pensar en su deseo les brinda el vigor que anhelan.*

¿Cuál es la causa principal de las enfermedades?

Jerry: En palabras sencillas, ¿cuál creen ustedes que es la causa principal de las enfermedades?

Abraham: Las enfermedades son causadas por prestarle atención a temas indeseados, sentir emoción negativa e ignorarla, seguir enfocándose en lo *indeseado* de tal forma que las emociones negativas se incrementan cada vez más, seguir no obstante ignorándolo y seguir manteniendo la atención en lo *indeseado*... hasta que por la *Ley de Atracción*, atraen más pensamientos y experiencias negativas. *Las enfermedades ocurren cuando no le prestan atención a las señales tempranas y sutiles de la falta de alineación que llega en forma de emoción.*

Si sienten emoción negativa y no cambian los pensamientos para aliviar la molestia de la emoción negativa, ésta siempre se incrementa, hasta que eventualmente la emoción negativa se convierte en la sensación física; y luego en el deterioro físico. *Sin embargo, la enfermedad es solamente una indicación de tu vibración, y cada vez que cambias tu vibración, el indicador cambiará para corresponder con la nueva vibración. La enfermedad no es más que un indicador físico de que la Energía está en desequilibrio.*

Muchas personas que están pasando por una enfermedad están en desacuerdo con nuestra explicación, de que la causa de su enfermedad es la respuesta de la *Ley de Atracción* a sus pensamientos, pues protestan que jamás han pensado en *esa* enfermedad en particular. Pero la enfermedad no ocurre porque estén pensando en *esa* enfermedad ni en *ninguna* enfermedad. *La enfermedad es un indicador exagerado de pensamientos negativos, que comienza como un sutil indicador de emoción negativa, y aumenta cuando los pensamientos negativos persisten. Los pensamientos negativos equivalen a resistencia, sin importar el tema del pensamiento negativo. Esta es la razón por la que siguen apareciendo nuevas enfermedades; y hasta que no se trate la causa real de la enfermedad, no habrá una cura final.*

Ahora mismo, en tu cuerpo, existe el potencial de todas las enfermedades; y ahora mismo tienes potencial para un perfecto estado de salud en tu cuerpo, y tú solicitas lo uno o lo otro, o una mezcla de los dos, dependiendo del equilibrio de tus pensamientos.

Jerry: O sea, en otras palabras, desde su perspectiva, ¿no existe una causa *física* para las enfermedades o las dolencias? ¿Todo es cuestión de *pensamientos*?

Abraham: Comprendemos tu urgencia de darle crédito a acciones o a conductas para explicar causas. Cuando explicas de dónde proviene el agua de tu casa, es correcto señalar el grifo como la Fuente del agua que llega al fregadero de la cocina. Pero la historia de "dónde viene el agua" va mucho más allá del grifo. De la misma manera, la historia de la Fuente de la buena salud o de las enfermedades va mucho más allá de lo aparente. *Tu alivio o tu enfermedad son síntomas del equilibrio de tus pensamientos, y este equilibrio se manifestará a través del sendero de menor resistencia, al igual que el agua que corre cuesta abajo.*

Un ejemplo de mi "antigua" historia respecto a mi Bienestar físico

Estoy notando síntomas en mi cuerpo que me preocupan. Con los años, me siento menos fuerte, menos estable, menos saludable, menos seguro. Me preocupa hacia donde me estoy dirigiendo en cuestión de salud. He tratado de cuidarme, pero no veo que eso haya ayudado mucho. Supongo que es normal sentirme peor con el paso del tiempo. Vi que esto le ocurrió a mis padres, por eso estoy verdaderamente preocupado por mi salud.

Un ejemplo de mi "nueva" historia respecto a mi Bienestar físico

Mi cuerpo responde a mis pensamientos relacionados con él y a mis pensamientos respecto a todo. Mientras mejor se sienten mis pensamientos, más permito mi propio Bienestar personal.

Me gusta saber que hay una absoluta correlación entre lo que siento y lo que han sido mis pensamientos crónicos y cómo se sienten. Me gusta saber que esos sentimientos tienen la función de ayudarme a escoger pensamientos que me hacen sentir mejor, lo que produce vibraciones que me hacen sentir mejor, lo que hace que mi cuerpo se sienta mejor. Mi cuerpo responde perfectamente a mis pensamientos, y me encanta saberlo.

Siento que soy bastante bueno escogiendo mis pensamientos. Sin importar la condición en que me encuentre, tengo el poder de cambiarla. Mi estado de salud física es sencillamente una indicación del estado de mis pensamientos crónicos; tengo control sobre ambos.

Un cuerpo físico es algo maravilloso; comenzó como un manojo de células fetales para convertirse en este cuerpo hecho y derecho. Me impresiona la estabilidad del cuerpo humano y la inteligencia de las células que componen el cuerpo humano, y advierto cómo mi cuerpo logra tantas funciones importantes sin mi atención consciente.

Me gusta saber que no es mi responsabilidad consciente hacer que la sangre corra por mis venas ni el aire por mis pulmones. Me gusta saber que mi cuerpo sabe qué hacer y lo hace tan bien. El cuerpo humano en general es una cosa maravillosa: es inteligente, flexible, duradero, resistente, puede ver, escuchar, oler, probar y tocar.

Mi propio cuerpo me es de mucha utilidad. Me encanta la exploración de la vida a través de mi cuerpo físico. Disfruto de la Energía y la flexibilidad. Me gusta vivir la vida en mi cuerpo.

Estoy complacido con mis ojos que observan este mundo, que pueden ver cerca y lejos desde donde estoy, distinguiendo formas y colores con una visión tan vívida de las profundidades y las distancias. Disfruto de la habilidad de mi cuerpo de escuchar, oler, probar y sentir. Adoro el contenido palpable y sensual de este planeta y mi vida en este maravilloso cuerpo.

Siento aprecio y fascinación por la habilidad que posee mi cuerpo de sanarse a sí mismo, cuando observo las heridas cubrirse de piel nueva y descubro que se renueva mi resistencia ante la aparición de traumas.

Estoy consciente de la flexibilidad de mi cuerpo, de la destreza de mis dedos y de la respuesta inmediata que mis músculos muestran ante cada labor que emprendo.

Me gusta comprender que mi cuerpo sabe cómo estar bien y está siempre avanzando hacia la buena salud, y siempre y cuando yo no interfiera con pensamientos negativos, mi buena salud prevalecerá.

Me gusta comprender el valor de mis emociones y comprendo que tengo la habilidad de lograr y mantener Bienestar físico porque tengo la habilidad de encontrar y mantener pensamientos de felicidad.

En cualquier día de este mundo, incluso cuando algunas cosas en mi cuerpo no parecen funcionar lo mejor que pueden, estoy consciente que muchas, muchas, muchas cosas más están funcionando como deben, y que dominan los aspectos de Bienestar de mi cuerpo.

Y más que todo, me encanta lo rápido que responde mi cuerpo a mi atención y a mis intenciones. Me encanta comprender la conexión entre mi cuerpo, mi mente y mi espíritu, y las productivas y poderosas cualidades de mi alineación deliberada.

Adoro vivir la vida en mi cuerpo.

Siento mucho aprecio por esta experiencia.

Me siento bien.

No existe una manera correcta o incorrecta de contar tu historia mejorada. Puede tratarse de experiencias del pasado, del presente o del futuro. Lo único importante es que seas consciente de tu intención de contar una versión mejorada de tu historia que te haga sentir mejor. Contar varias historias cortas que te hagan sentir bien durante el día cambiará tu punto de atracción. Solamente recuerda que la historia que *tú* cuentas es la base de *tu* vida. Cuéntala entonces como quieres que sea.

CUARTA PARTE

Perspectivas de salud, peso y mente

Deseo disfrutar de un cuerpo sano

Conseguir la alineación de tu cuerpo físico es algo muy valioso por dos razones:

- Primero, no hay un tema en que las personas piensen más que en su propio cuerpo. (Y esto es lógico puesto que llevan sus cuerpos dondequiera que van.)

- Segundo, puesto que toda perspectiva o pensamiento que tienes fluye a través de los lentes de tu cuerpo físico, tu actitud respecto a virtualmente cualquier tema está influenciada por lo que sientes respecto a tu cuerpo físico.

Debido a que la ciencia y la medicina se han tomado tanto tiempo en reconocer la conexión entre la mente y el cuerpo, entre los pensamientos y los resultados, y entre las actitudes y las consecuencias, la mayoría de la gente se deja enmarañar en una plétora de contradicciones relativas a sus cuerpos. *Siempre que la base de una noción sea deficiente, no hay cantidad posible de arreglos por medio de métodos, pociones o remedios que pueda brindar resultados consistentemente comprobados. Y puesto que la alineación de Energía varía según cada individuo, al tenerse en cuenta una amplia variedad de factores como creencias, deseos, expectativas e influencias tempranas y actuales, no es sorprendente que no existan los remedios que "siempre funcionan", y no es sorprendente que la mayoría de las personas esté verdaderamente confundida respecto a sus cuerpos físicos.*

Cuando intentas reunir y procesar información respecto a lo que está ocurriendo con los cuerpos de otras personas, en vez de utilizar tu propio *Sistema de Guía Emocional* para comprender *tu* alineación o falta de alineación de Energía en la actualidad, es equivalente a usar un mapa de un país extranjero para planificar la ruta en tu propio país. Esta información simplemente no tiene influencia sobre ti y sobre el lugar en donde estás ahora mismo.

Te han ofrecido tanta información contradictoria a lo que es cierto (y a las *Leyes del Universo*) que estamos felices en extremo de poder hablar contigo sobre ti y sobre tu cuerpo, desde una perspectiva más amplia. Deseamos asistirte para que comprendas con claridad lo que es ser un Ser sano en buena forma física, que luce como quiere lucir (pleno en cuanto a mente, espíritu y cuerpo); y cuando uses tu mente para enfocar deliberadamente tus pensamientos para alinearte con los pensamientos de tu *Ser Interior* (o espíritu), tu cuerpo físico será la evidencia manifestada de esta alineación.

Deseo equilibrar mis deseos y mis experiencias

No es posible llevar tu cuerpo físico a un estado de perfecta salud solamente pensando en los aspectos físicos de tu ser y luego ofreciendo acción al respecto. Sin un claro entendimiento de la Conexión entre tu ser físico y tu Ser Interior Vibratorio y No Físico, no puede haber entendimiento o control consistente. En otras palabras, aunque creas que el sendero hacia un cuerpo que se siente y luce bien es el resultado de tu conducta en función de la cantidad de alimentos que consumes, y de la actividad física que realices, en realidad tiene mucho más que ver con tu alineación vibratoria entre los aspectos físico y No Físico de tu ser.

Una vez que aceptes la totalidad de tu Ser y hagas de esta alineación vibratoria tu máxima prioridad, estás en tu camino para lograr y mantener el cuerpo físico que deseas. Pero si usas condiciones ajenas, experiencias ajenas, opiniones ajenas, como una medida para calibrar tu buena salud, no serás capaz de controlar la condición de tu propio cuerpo físico. Es decir, si luchas por conseguir un estándar físico basado en una comparación con las experiencias de los demás, en vez de afanarte por conseguir la alineación personal entre tú y *Tú,* nunca descubrirás la clave para controlar tu propio cuerpo.

No necesito comparar mi cuerpo con el de los demás

Nos gustaría asistirlos para que comprendan que no existe un estado del ser que sea el correcto, ni siquiera el más deseado, porque ustedes han tenido la intención de venir en sus cuerpos físicos en una gran variedad de estados. Si todos hubieran tenido la intención de lucir iguales, más de ustedes lo serían, pero no es así. Ustedes vienen en todo tipo de variedad de tamaños, formas, flexibilidad y destrezas. Algunas son más fuertes y otros son más ágiles... Vienen en una gran variedad, añadiendo todo tipo de diferencias que son una gran ventaja para el grupo total. Vinieron con toda su gran variedad para añadir equilibrio a esta época y a este lugar.

Por esa razón, deseamos recomendarles que en vez de mirarse a sí mismos y reconocer que les hace falta esta o aquella característica, como lo hace la mayoría de ustedes, nos gustaría asistirlos para que observen las ventajas de lo que *ustedes son.* Es decir, mientras evalúan o analizan sus cuerpos físicos, pasen gran parte de su tiempo buscando las ventajas que les ofrece, no solamente a ustedes sino también al equilibrio de *Todo lo que es.*

Jerry: Recuerdo cuando solía trabajar en un trapecio (en el circo), que yo era muy pesado para ser lo que ellos llamaban un "volador", y era demasiado liviano para ser lo que ellos llamaban un "receptor." Entonces el trapecio no era el lugar en donde yo me sentía cómodo a menos que tuviéramos un receptor más pesado o un volador más liviano, por decirlo así. Decidí seguir siendo *acróbata,* pero realizaba lo que se llamaba un acto de acrobacia en barra, en donde nadie tenía que atraparme y yo no tenía que atrapar a nadie. No obstante, no me consideraba deficiente porque no creía que debía ser ni más pesado ni más liviano. Simplemente, encontré algo que me gustaba hacer y que aún así me proporcionaba el mismo sentimiento general de realizarme como acróbata. [**Abraham:** Muy bien, excelente.]

¿Qué tal si me veo como un ser perfecto?

Jerry: ¿Podríamos entonces observar nuestro peso y luego, nuestro estado de habilidad o talento mental de la misma forma? ¿Podríamos todos vernos como seres perfectos?

Abraham: No les aconsejamos necesariamente que observen su estado actual y proclamen que es "perfecto," porque ustedes siempre estarán afanándose por lograr algo que va más allá de lo *que es*. Pero encontrar aspectos de su experiencia actual que se sienten bien cuando se enfocan en ellos hará que se alineen con la perspectiva de su *Ser Interior*, quien siempre está enfocado en su Bienestar. *Los animamos a que sientan el acuerdo entre sus pensamientos respecto a su cuerpo y a los de su Ser Interior respecto a su cuerpo, en vez de tratar de conseguir las condiciones de su cuerpo que estén de acuerdo con las condiciones de otros cuerpos que ven en su entorno.*

Ir en contra de lo indeseado atrae más de lo indeseado

Abraham: Cuando comprenden que están creando a través de sus pensamientos, en vez que a través de la acción, lograrán muchos más de sus deseos con mucho menos esfuerzo; y en la ausencia de lucha, se divertirán mucho más. Durante sus momentos de vigilia, están ofreciendo pensamientos por eso, lograr una propensión hacia lo positivo, hacia pensamientos que los hacen sentir bien, les será de mucha utilidad.

Ustedes nacieron en una sociedad que comenzó a advertirles sobre cosas indeseadas tan pronto llegaron; y con el tiempo, la mayoría de ustedes ha asumido una posición de cautela. Tienen una "guerra contra las drogas," una "guerra contra el SIDA" y una "guerra contra el cáncer." La mayoría de ustedes cree realmente que la forma de obtener lo que desean es vencer lo que no desean y por eso, le prestan mucha atención a ir en contra de lo que no desean, en donde, si pudieran ver la *Ley de Atracción* como nosotros la vemos —si pudieran aceptarse a sí mismos como atrayentes en virtud de los pensamientos que están teniendo— comprenderían lo absurdo del enfoque que la mayoría está asumiendo.

Cuando dicen: "Estoy enfermo y no quiero estar enfermo, venceré esta enfermedad, tomaré acción y derrotaré esta enfermedad," están, desde su posición de recelo, en defensa y emoción negativa, aferrándose a esa enfermedad.

Mi atención a las carencias atrae más carencias

Abraham: Todo tema es en verdad dos temas: el tema de lo que están deseando y el tema de su carencia. Respecto a su cuerpo, puesto que cada pensamiento que tienen es filtrado a través de su perspectiva de este cuerpo, si este cuerpo no se siente como ustedes lo desean, ni luce como desean que luzca, es natural que un gran número de sus pensamientos (una proporción muy poco equilibrada de sus pensamientos) esté inclinada hacia el lado de la carencia de la ecuación, en vez de hacia el lado verdaderamente deseado de la ecuación.

Desde su lugar de carencia, atraerán más de eso, y esta es la razón por la que la mayoría de las dietas no funciona. Están conscientes del exceso de grasa en sus cuerpos —están conscientes de que su cuerpo no luce como desean que luzca— y cuando es tan grave que ya no pueden soportarlo más (tanto desde su perspectiva personal como porque otros se los recriminen), dicen entonces: "Ya no aguanto más este lugar negativo. Voy a empezar una dieta y a salir de todo esto que no deseo." Sin embargo, su atención es hacia lo que no desean, y por lo tanto, se aferran a esto. *La forma de llegar adonde quieren estar es prestarle toda la atención a lo que desean, sin prestarle atención a lo que no desean.*

Plantar semillas de temor hace crecer más temor

Jerry: Un amigo muy querido, mi mentor en el mundo de los negocios, se ofreció de voluntario para ser parte de un estudio médico. Decía que aunque tuviera una salud radiante, estaba dispuesto a participar si esto podía ser valioso para las demás personas, porque en el área en donde él vivía, muchos hombres de su edad estaban muriendo de una enfermedad en particular. Bueno, parece que pasaron solamente semanas antes de que recibiéramos un mensaje de él informándonos que había sido diagnosticado con la enfermedad. Ahora, ya mi amigo no existe en forma física. Pero no parecía temer esa enfermedad. ¿La creó en su cuerpo sólo por enfocarse en ella?

Abraham: Fue su atención a ella, es decir, fue su intención de ser valioso para los demás. Así, les permitió explorar y sondear y observar. Y en este proceso de exploración, sondeo y observación, recibió suficiente estímulo de pensamiento de los demás para hacerlo consciente de la posibilidad, no solamente de la posibilidad, de la *probabilidad. Ellos plantaron en él la semilla de la probabilidad y entonces, a través de la exploración, el sondeo y la observación, su cuerpo respondió a lo que luego se convirtió en el equilibrio de sus pensamientos.*

Nos has ofrecido un maravilloso ejemplo de porqué la enfermedad no estaba en él hasta que comenzó su *atención* a la enfermedad, pero una vez que la atención a la enfermedad fue parte de él, su cuerpo respondió acorde.

En su interior siempre existe el potencial de buena salud o de enfermedades. Los pensamientos que escogen determinan su experiencia y el nivel de experiencia.

¿Debe la atención a las enfermedades atraer enfermedades?

Jerry: ¿Qué tanto podemos jugar con estos pensamientos de enfermedades? Por ejemplo, una persona puede observar en televisión una oferta para un examen gratis de cualquier parte de su cuerpo, y si la persona dice: "Pues creo que lo haré, me siento bien pero, ¿por qué no si es gratis?" ¿Cuáles son las probabilidades de que esto conlleve a lo que estamos hablando de estimulación de pensamientos, y eventualmente, resultados indeseados?

Abraham: Casi cien por ciento. Pues debido a la atención a las enfermedades en su sociedad, estas cada vez son más prevalecientes. Con toda su tecnología médica, con todas las herramientas y los nuevos descubrimientos, hay más personas gravemente enfermas hoy en día que nunca. La prevalencia de tantas enfermedades graves es causada predominantemente debido a su atención a éstas.

Preguntas: "¿Qué tanto podemos jugar con esto?" Y te decimos: escogen con atención lo que comen, la ropa que usan y el auto que conducen, y sin embargo, no escogen con tanta atención sus pensamientos. *Les aconsejamos que escojan con mucha atención sus pensamientos. Mantengan sus pensamientos del lado del tema que está en armonía con sus deseos. Piensen en la buena salud, no en la falta de salud. Piensen en ser lo que desean en vez de pensar en ser lo que no desean.*

Sus enfermedades no nacen y se perpetúan únicamente debido a su atención negativa a las enfermedades. Recuerden que las enfermedades se derivan de sus sentimientos de vulnerabilidad y recelo. Entrenen sus pensamientos sobre todos los temas (no solamente el tema de la salud física) hacia la dirección de sus deseos, y a través del estado emocional mejorado que logran, su Bienestar quedaría entonces asegurado.

¿Está mi atención enfocada predominantemente en el Bienestar?

Jerry: Otra amiga nuestra acaba de construir una habitación en su casa para que su suegra, cuya salud se ha empeorado verdaderamente, pueda vivir con ella. Su suegra habla casi constantemente de lo mal que se siente, de lo mala que ha sido su salud, de lo infeliz que ha sido su vida, y de esta y aquella cirugía.

Durante las fiestas, llegó luego de visita la madre de nuestra amiga, una señora de 85 años. Ella jamás había estado en un hospital en su vida, pero al cabo de una semana de estar en esa casa con la otra señora —quien hablaba continuamente de enfermedades— su propia salud decayó vertiginosamente. Fue hospitalizada y ahora está en un asilo de ancianos. ¿Puede la salud de alguien decaer de forma tan dramática como resultado de unos pocos días bajo influencias negativas?

Abraham: *El potencial de enfermedades o de buena salud yace en su interior a todo momento. Y a lo que le presten atención fomenta en su interior la manifestación de la esencia de ese pensamiento. Los pensamientos son muy poderosos.*

Aunque no necesariamente, la mayoría de las personas que ha vivido hasta los 85 años ya ha recibido suficiente Energía negativa en sus cuerpos físicos. Están siendo constantemente bombardeados con pensamientos de problemas de salud: necesidad de comprar seguro médico, seguro de sepelio, necesidad de hacer un testamento para prepararse para su muerte y cosas por el estilo. La mujer no recibió su primera influencia negativa respecto a su Bienestar físico de parte de la otra mujer en esa casa.

Sin embargo, ella ya estaba titubeando en este sentido; de alguna manera se sentía inestable respecto a su propia longevidad, la intensidad de la conversación de la otra mujer, y las respuestas que observó que fueron extraídas de la gente que la rodeaba, inclinó sus pensamientos hasta el punto que los síntomas negativos se volvieron aparentes de inmediato. Y luego, cuando ella giró su atención hacia sus propios síntomas negativos, en ese ambiente tan intenso, sus propios síntomas se incrementaron con mayor rapidez.

Cuando alguien aparece en tu vida y estimula tus pensamientos de forma que estos predominen sobre la enfermedad en vez de sobre la buena salud, sobre la falta de Bienestar en vez de sobre el Bienestar, colocándote en un estado de vulnerabilidad, defensa e incluso enojo, las células de tu cuerpo comienzan a responder al equilibrio de ese pensamiento. Y sí, es posible que en cuestión de semanas, incluso días —o incluso horas— pueda comenzar este proceso negativo. *Todo lo que vives es resultado de los pensamientos que estás teniendo, y no existen excepciones.*

La evidencia física de los demás no tiene que ser mi experiencia

Abraham: Cuando ven evidencia física en su entorno, a menudo esta *evidencia física* puede parecerles más real que un *pensamiento*. Dicen cosas como: "Abraham, esto es realmente verídico, no es solamente un pensamiento," como si lo *realmente verídico* y un *pensamiento* fueran dos cosas separadas. Pero deseamos recordarles que el Universo no distingue entre sus pensamientos de la realidad en el presente y los pensamientos de la realidad imaginada. El Universo y la *Ley de Atracción* están simplemente respondiendo a sus pensamientos reales o imaginarios, presentes o recordados. *Cualquier evidencia que perciben en su entorno no es más que el indicador de manifestación del pensamiento de alguien y no es razón para que lo que los demás están creando con sus pensamientos cause que ustedes sientan temor o vulnerabilidad.*

No existen condiciones imposibles de cambiar. No existe ninguna condición física, sin importar el estado de degeneración negativa, que no pueda beneficiarse de la buena salud. Pero esto requiere comprensión de la Ley de Atracción, *guía representada por la emoción, y voluntad para enfocarse deliberadamente en cosas que los hacen sentir bien. Si pudieran comprender que su cuerpo está respondiendo a lo que están pensando, y si pudieran mantener sus pensamientos en donde desean que estén, todos estarían muy bien de salud.*

¿Cómo puedo influenciar todo
para mantener mi salud?

Jerry: Entonces, ¿qué es lo mejor que podemos hacer para mantener o recuperar la salud, o para influenciar a los que nos rodean hacia *su* salud perfecta?

Abraham: En realidad, el proceso para recuperar y el proceso para mantener la salud son exactamente iguales: *enfocarse en más cosas que los hacen sentir bien.* La mayor diferencia entre recuperar y mantener la salud es que es más fácil tener pensamientos que los hacen sentir bien cuando se sienten bien, que cuando se sienten mal; entonces, *mantener* la salud es mucho más fácil que *recuperar* la salud. *La mejor manera de influenciar a los demás hacia su buena salud es vivirla. La mejor forma de influenciar a los demás hacia la enfermedad es enfermarse.*

Comprendemos que para aquellos que están ahora en un estado que no desean, suena demasiado simplista tratar de encontrar un pensamiento que los haga sentir mejor. Pero es nuestra promesa absoluta que si se dedican con determinación a mejorar lo que sienten, escogiendo deliberadamente pensamientos que los hagan sentir mejor, comenzarán a ver de inmediato la mejoría en cualquier cosa que los esté molestando.

Reposo y duermo en mi Bienestar

Abraham: Tu estado natural es de Bienestar absoluto. No tienes que seguir luchando contra las enfermedades. Solamente repósate en tu buena salud. Recuéstate esta noche en tu cama, y cuando estés a punto de quedarte dormido, siente la maravillosa comodidad de tu cama bajo tu cuerpo. Advierte lo grande que es. Advierte la almohada bajo tu cuello. Advierte la tela sobre tu piel. Ofrece tu atención a las cosas que te hacen sentir bien, porque cada momento que piensas en algo que te hace sentir bien, estás cortando el combustible a esa enfermedad. *Cada momento que piensas* *en algo que se siente bien, estás evitando el avance de la enfermedad; y cada momento que estás pensando en la enfermedad, estás añadiendo un poco más de combustible al fuego, por decirlo así.*

Cuando eres capaz de lograr mantener tus pensamientos en algo que se siente bien por cinco segundos, durante esos cinco segundos habrás entonces detenido el suministro de combustible a tu enfermedad. Cuando lo logras por diez segundos, habrás detenido el flujo por diez segundos. Cuando piensas en lo bien que te sientes ahora, y cuando piensas que tu estado natural es un estado de buena salud: *comienzas el suministro de combustible a tu buena salud.*

¿Las emociones negativas indican pensamientos que no son sanos?

Abraham: Cuando piensan en enfermedades, la razón para sentir una emoción tan negativa al respecto, es que a menudo estos pensamientos no están en armonía con su verdadero conocimiento, que no están resonando con *quienes son realmente.* La emoción negativa que sienten, en forma de *preocupación, ira* o *miedo* respecto a su enfermedad, es su indicador real de que han puesto una restricción muy fuerte en el flujo de Energía entre ustedes y *quienes son realmente.*

Su buena salud llega cuando permiten el flujo total de la Energía No Física desde su *Ser Interior.* Y así, cuando piensan *estoy bien* o *me estoy mejorando* o *estoy intacto significa que estar bien es mi estado natural.* Estos pensamientos vibran en un lugar que está en armonía con lo que su *Ser Interior* sabe que es verdad, y reciben todos los beneficios de la Energía del pensamiento que proviene de su *Ser Interior.*

Todos los pensamientos vibran. Por ende, enfocarse en pensamientos que los hacen sentir bien, atraerá otros y otros y otros y otros y otros y otros..., hasta que su frecuencia vibratoria se eleve al lugar en donde su Ser Interior pueda envolverlos por completo. Y entonces estarán en el lugar del Bienestar, y su sistema físico se pondrá al día muy *rápidamente: es nuestra promesa absoluta. Pueden comenzar a observar una evidencia física muy dramática de su recuperación, pues es la <u>Ley.</u>*

¿Hasta qué punto puedo controlar mi cuerpo?

Jerry: Ahora bien este tema es "Perspectivas de salud, peso y mente": *¿Cómo puedo llegar ahí y permanecer ahí?* Veo un número absolutamente impresionante de personas preocupadas por su peso y su salud mental y física. Y debido a la cantidad de atención puesta en los fracasos de la salud física, comprendo el porqué de tanta preocupación.

Cuando era niño, tuve la fortuna de comprender de alguna manera que tenía el control de mi propio cuerpo. Recuerdo cuando tenía unos nueve años que fui a un carnaval en la feria de mi condado, en donde dos boxeadores profesionales se enfrentaban con cualquiera que quisiera pelear. Es decir, cualquiera de los granjeros del lugar podía pagar para pelear contra ellos, y si los granjeros lograban vencer a esos boxeadores profesionales, ganaban dinero. Pero los granjeros siempre salían apaleados hasta la médula...

Recuerdo estar en una pequeña carpa de lona iluminada por lámparas de queroseno o gas, y recuerdo las luces titilantes sobre la espalda sudorosa de uno de los boxeadores. Me sentí totalmente fascinado ante el hecho de que su columna vertebral estuviera escondida entre dos hermosos músculos que atravesaban su espalda, mientras que la mía era más como la de nuestra mascota de Arkansas: el cerdo salvaje. En otras palabras, mi columna vertebral sobresalía y no tenía músculos a su alrededor, mientras que la del boxeador estaba bellamente incrustada en donde yo ni siquiera podía verla. Fue un verdadero placer para mí observar esos hermosos músculos dorsales. Realmente aprecié lo que vi ese día, y al cabo de ocho años los músculos de mi espalda ya lucían así. A partir de esta experiencia comprendí que podía crear mi cuerpo físico.

Como resultado de la salud en extremo mala que experimenté cuando era niño, de alguna manera aprendí a ser capaz de *controlar* mi propia salud. Experimenté con médicos algunas veces, pero sus diagnósticos y tratamientos casi siempre eran equivocados. Por lo tanto, no me tomó mucho tiempo darme cuenta que era mejor para mí mantenerme alejado de los doctores, porque no lograba encontrar uno a quien pudiera considerar acertado. Casi siempre se equivocaban cuando tenían que ayudarme, y decidí entonces que era mejor que me ocupara personalmente de mi cuerpo.

Pero aun así, a veces pienso un poco sobre cómo aguantará mi cuerpo y cuál será mi condición futura. ¿Seré capaz, según creo, de mantener este estado perfecto de peso, salud y mente? Siento que este es el lugar en donde estoy, pero estoy en el punto en que a veces me pregunto: *¿Seré capaz de permanecer así siempre?* Quisiera entonces que nos hablaran de este tema en general.

Abraham: Apreciamos la combinación de palabras que has usado, pues tu cuerpo y tu mente están siempre conectados. *Tu cuerpo está respondiendo continuamente a tus pensamientos, de hecho, sólo a esto responde. Tu cuerpo es absolutamente un reflejo puro de lo que piensas. Nada afecta tu cuerpo que no sean tus pensamientos.* Y es bueno que a una edad tan temprana te hayas probado a ti mismo que tenías control sobre tu propio cuerpo.

Cuando reconoces conscientemente la absoluta correlación entre lo que estás pensando y lo que estás recibiendo, puedes entonces, a la larga, en cualquier condición, controlar tu propia experiencia. Lo único que se requiere de tu parte para obtener lo que deseas, versus obtener lo que no deseas, es reconocer que el control que anhelas ya es tuyo, y entonces pensar deliberadamente en las cosas que deseas experimentar.

Los pensamientos de deterioro siempre te hacen sentir mal porque no deseas deteriorarte. Utiliza entonces tu Guía y escoge pensamientos que te hagan sentir bien, y no tendrás razón para preocuparte por tu paso a través del tiempo. En realidad, es simplemente cuestión de tomar la decisión: *Deseo reconocer que tengo el único —y absoluto— control de mi propio sistema físico. Reconozco que soy el resultado de los pensamientos que tengo.*

El día que naciste, poseías el conocimiento (no la *esperanza* ni el *deseo*, sino el profundo *conocimiento*) de que tu esencia era la libertad absoluta, que tu búsqueda era la alegría, y que el resultado de tu experiencia de vida sería el crecimiento; y sabías que eres perfecto pero que sigues buscando más perfección.

¿Podemos desarrollar conscientemente nuevos músculos y huesos?

Jerry: De forma consciente y deliberada aumenté los músculos de mi cuerpo en esos años de juventud porque así lo deseaba, pero, ¿puedo también fortalecer mis huesos?

Abraham: Puedes hacerlo de la misma manera. La diferencia es que la *creencia* actual sobre los músculos ya está ahí. La creencia actual sobre los huesos no lo está.

Jerry: Es cierto. Vi a un hombre que había desarrollado unos músculos impresionantes y deseé lo mismo. Y puesto que muchos otros lo estaban haciendo, creí que yo también podía hacerlo. Pero nunca he visto huesos que hayan cambiado.

Abraham: La razón por la cual no hay más cosas que cambian más rápidamente en tu sociedad hoy en día es debido a que la mayoría de la gente le está prestando atención a *lo que es*. Con el fin de efectuar cambios, deben mirar más allá de *lo que es*.

Los retarda tremendamente tener que ver la evidencia de algo antes de creer en eso, porque significa que tienen que esperar que alguien más lo cree antes de creerlo. Pero cuando comprenden que el Universo, y la Ley de Atracción, responderán a su idea imaginada con la misma rapidez con que responde a una idea observada, pueden avanzar con rapidez hacia nuevas creaciones sin tener que esperar a que otra persona lo logre primero.

Jerry: Entonces, el reto es ser ese "pionero": el primero en lograrlo.

Abraham: El pionero requiere visión y expectativas positivas, pero en realidad, ahí es donde está el gozo más poderoso. Estar en un estado de deseo y no tener duda alguna es la experiencia más satisfactoria posible, pero desear algo y no creer en tu habilidad de lograrlo, no se siente bien. Cuando piensas solamente en lo que deseas, sin contradicciones constantes que estén llenas de dudas o incredulidad, la respuesta Universal a tu deseo llega con rapidez, y con el tiempo comienzas a sentir el poder de tu pensamiento deliberado. Pero esta clase de pensamiento "puro" toma práctica, y requiere que pases menos tiempo observando *lo que es*, y más tiempo visualizando lo que deseas experimentar. Con el fin de contar tu historia nueva y mejorada respecto a tu experiencia física, debes pasar tiempo pensando y hablando sobre la experiencia que deseas vivir.

La cosa más poderosa que puedes hacer, aquello que te proporcionará una influencia mucho mayor que la acción, es pasar quince minutos cada día visualizando tu vida como deseas que sea. Te animamos a que cada día vayas a un lugar tranquilo y privado en donde puedas cerrar tus ojos e imaginar tu cuerpo, tu ambiente, tus relaciones y tu vida de formas que te agraden.

Lo que <u>ha sido</u> no tiene nada que ver con lo que <u>será</u>, ni las experiencias de los <u>demás</u> tienen nada que ver con <u>tu</u> experiencia..., pero debes encontrar primero la forma de separarte de todo esto —del pasado y de los demás— para poder <u>ser</u> lo que <u>tú</u> deseas ser.

¿Qué pasa cuando los deseos ajenos predominan sobre mis creencias?

Jerry: Llevamos miles de años corriendo y nadie había sido capaz de correr una milla en cuatro minutos. Llegó un hombre llamado Roger Bannister y lo hizo; y una vez que *él* lo hizo, muchos otros han corrido también la "milla en cuatro minutos".

Abraham: Cuando las personas no permiten que el hecho de que nadie más haya hecho algo en particular les impida hacerlo, se convierten en personas de gran influencia sobre los demás porque una vez que se abren paso y lo crean, los demás pueden observar; y a la hora debida pueden llegar a *creerlo* o a tener *expectativas* de lograrlo, y por esa razón, todos sus logros son valiosos para su sociedad.

Su plataforma para el progreso de la vida sigue expandiéndose y la vida mejora para ellos y para todos. Sin embargo, deseamos llevarlos más allá de la necesidad de ver las cosas antes de creerlas. Deseamos que comprendan que si lo creen, *lo verán*. Cualquier cosa que practiquen en su mente, hasta que la idea comience a sentirse natural, debe rendir frutos físicos. La *Ley de Atracción* lo garantiza.

Sentirán una gran liberación cuando comprendan que no tienen que esperar que alguien más haga algo para probar que puede hacerse o para que ustedes puedan permitirse hacerlo. Cuando practican nuevos pensamientos, buscando mejores emociones, ven la evidencia que les ofrece el Universo y llegan a conocer su verdadero poder. *Si alguien les dijera que ustedes tienen una enfermedad incurable, podrían decirles entonces con confianza: "Yo decidiré lo que viviré, pues soy el creador de mi propia experiencia." Si su deseo es lo suficientemente intenso, pueden obviar sus creencias negativas y su recuperación comenzará.*

Es similar a la historia de la madre cuyo hijo está atrapado bajo un objeto muy pesado, mucho más pesado de lo que ella ha levantado en su vida, pero en su poderoso deseo de salvar a su hijo, logra levantarlo. En condiciones normales, no podría ni siquiera comenzar a levantar el objeto, pero ante un deseo tan poderoso, sus creencias normales se vuelven temporalmente irrelevantes. Si le dijeras: "*¿Crees* que puedes levantar ese objeto?" ella diría: "Por supuesto que no; ni siquiera puedo cargar mi propia maleta cuando está llena." Pero la *creencia* no tiene nada que ver con *esto:* su hijo estaba a punto de morir, y el *deseo* de ella era liberar a su hijo y lo logró.

¿Qué pasa si creo en gérmenes peligrosos?

Jerry: De verdad deseo tener buena salud, pero también creo que puedo contagiarme de algunas cosas. Por eso, cuando visito a personas en hospitales, aguanto la respiración cuando camino por los corredores para evitar los gérmenes.

Abraham: Tus visitas deben ser muy cortas. [Risas]

Jerry: Sí, son muy cortas, y me la paso acercándome a las ventanas para intentar respirar el aire fresco... porque creo que puedo evitar los gérmenes aguantando la respiración. ¿Será que esta creencia evitará que me enferme?

Abraham: En tu extraña manera, estás manteniendo un equilibrio vibratorio. *Deseas* salud, *crees* que los gérmenes pueden enfermarte, *crees* que tu conducta de evitar gérmenes evita que te enfermes, y así has conseguido un equilibrio que funciona para ti. Sin embargo, lo estás haciendo de la forma más difícil.

Si en verdad estuvieras escuchando a tu *Sistema de Guía*, no entrarías en un ambiente en que creyeras que hay gérmenes que pueden comprometer tu Bienestar. La aprehensión que sientes de ir al hospital es tu indicador de que estás a punto de tomar acción antes de lograr la alineación vibratoria. Podrías dejar de ir al hospital, pero te sentirías incómodo porque sabes que tu amigo, que está enfermo, disfrutaría mucho de tu visita. Entonces encuentras la manera de visitar a tu amigo sin sentir aprehensión. Y esto es lo que queremos decir con encontrar la alineación vibratoria *antes* de tomar la acción de entrar en el hospital. Con el tiempo, puedes llegar a *creer* *tanto* en tu Bienestar, o tu *deseo* de Bienestar puede llegar a ser tan vívido que podrías estar en cualquier ambiente y no sentir una amenaza a tu Bienestar.

Cuando estás en alineación con *quien en verdad eres* y estás escuchando a tu poderoso *Sistema de Guía*, jamás entras a un ambiente en donde tu Bienestar pueda ser amenazado. Por desdicha, muchas personas ignoran su propio *Sistema de Guía* en aras de complacer a los demás. Dos personas podrían entrar al hospital como tú lo describes: una que no siente amenaza alguna a su Bienestar y la otra sintiendo una gran amenaza. La primera no se enfermaría; la segunda podría enfermarse, no debido a los gérmenes presentes en el hospital, sino debido a la relación vibratoria de la persona con su propio sentido de Bienestar.

No estamos tratando de alterar tus creencias, porque no vemos que tus creencias sean inapropiadas. Es nuestro deseo que te hagas consciente de tu Sistema de Guía Emocional *para que puedas lograr el equilibrio de vibración entre tus* deseos *y tus* creencias. *Hacer lo "correcto" significa hacer lo que está en armonía con tu intención y con tus creencias actuales.*

Jerry: ¿Entonces no tiene nada de malo adoptar "la posición del cobarde"?

Abraham: Hay muchas personas que ignoran su propio *Sistema de Guía* por intentar complacer a los demás; hay muchas personas que llamarían "egoísmo" o "cobardía" a tener la audacia de complacerse a sí mismos en vez de a los demás. A menudo los demás te llamarán "egoísta" (porque no estás dispuesto a ceder a *su* propio egoísmo) sin comprender la hipocresía de su exigencia.

A veces nos acusan de enseñar *egoísmo,* y admitimos que es cierto porque si no eres lo suficientemente egoísta como para atender a tu propia vibración, y de esa forma mantenerte en alineación con tu Fuente (con *quien en verdad eres*), entonces no tendrás nada para darle a los demás. Cuando los otros te llaman "egoísta" o "cobarde," sus propias vibraciones están obviamente fuera de equilibrio, y una modificación de *tu* conducta no causará que ellos se equilibren.

Cuanto más pienses y hables de tu propio Bienestar físico, más arraigados estarán tus propios patrones vibratorios de buena salud, y más la *Ley de Atracción* te cubrirá de cosas que mejoren y apoyen esas creencias. *Cuanto más cuentes tu propia historia de Bienestar, menos vulnerable te sentirás, y no solamente cambiará tu punto de atracción para que te rodeen situaciones diferentes, sino que también te sentirás diferente respecto a las situaciones cuando estas ocurran.*

Soy guiado *hacia* lo que *deseo*

Abraham: El único sendero hacia la vida que deseas es a través del sendero de la menor resistencia, o el sendero de la mayor concesión: concesión de tu Conexión con tu Fuente, con tu *Ser Interior*, con *quien en verdad eres*, y con todo lo que deseas. Y esta concesión te es indicada en la forma de emociones agradables. Si permites que tu prioridad más importante sea sentirte bien, entonces, cada vez que estés teniendo una conversación que no esté en armonía con la salud que deseas, te sientes mal, y será la alerta que recibas de que estás resistiendo..., y así puedes escoger un pensamiento que se siente bien y regresar a tu rumbo.

Cada vez que sienes una emoción negativa, es tu *Sistema de Guía* ayudándote a comprender que en ese momento estás ofreciendo una resistencia que está bloqueando la Corriente de Bienestar que estaría, de otra manera, llegando a ti en su totalidad. Es como si tu *Sistema de Guía* te dijera: *Ahora, lo estás haciendo de nuevo; ahora, lo estás haciendo de nuevo; ahora, lo estás haciendo de nuevo. Esta emoción negativa significa que estás en el proceso de atraer lo que no deseas.*

Muchas personas ignoran su *Sistema de Guía* tolerando emociones negativas, y al hacerlo, se niegan a sí mismas los beneficios de la Guía desde una Perspectiva más Amplia. Pero una vez que la vida ha causado que identifiques un deseo, jamás serás capaz de observar su opuesto o su carencia sin sentir emoción negativa. Una vez que un deseo ha nacido en tu interior, debes observar ese deseo si quieres sentirte bien. Y la razón para esto es que *no puedes retroceder a convertirte en menos de lo que la vida ha causado que seas.* Una vez que has identificado un deseo de buena salud, o una condición corporal específica, jamás serás capaz de enfocarte de nuevo en la carencia de algo sin sentir emoción negativa.

Cada vez que sientes emoción negativa, detente y deja de hacer lo que estás haciendo o pensando, y di: "¿Qué es lo que deseo?" Y luego, puesto que has girado tu atención hacia lo que deseas, el sentimiento negativo será reemplazado por un sentimiento positivo, la atracción negativa será reemplazada por atracción positiva y estarás de nuevo en tu rumbo.

Primero debo estar dispuesto a complacerme

Abraham: Cuando llevas un tiempo en una línea particular de pensamientos, no es fácil cambiar abruptamente la dirección de tus pensamientos, porque la *Ley de Atracción* te está suministrando pensamientos que corresponden con tu línea actual de pensamientos. Algunas veces, mientras estás en ese modo de sentimientos negativos, otra persona que no está en ese lugar negativo no estará de acuerdo con tu visión negativa del tema actual, lo cual solamente servirá para que desees defender tu posición con más ahínco. *Tratar de defender o justificar tu opinión sólo hace que permanezcas más tiempo en tu estado de resistencia. Y la razón por la cual muchas personas se mantienen innecesariamente en un estado de resistencia es porque es más importante para ellas estar en lo "correcto" que sentirse bien.*

Cuando te encuentras con personas determinadas a convencerte de que están en lo correcto, e intentan mantenerte en una conversación negativa con ese fin , puede ser que te consideren "desinteresado" o "insensible" si no las escuchas y llegas a estar de acuerdo con su punto de vista. Pero cuando pierdes el derecho a sentirte bien (escogiendo pensamientos que armonizan con tu Perspectiva más Amplia), en aras de intentar complacer a un amigo negativo que desea usarte como su caja de resonancia, estás pagando un precio muy alto por algo que de todas maneras no ayudará a tu amigo o amiga. Ese nudo desagradable en tu estómago es tu *Ser Interior* diciendo: *Esta conducta, esta conversación, no está en armonía con lo que tú deseas.* Debes estar dispuesto a complacerte primero o te dejarás arrastrar a menudo por el negativismo que te rodea.

¿Existe un momento apropiado para morir?

Jerry: ¿Existen límites relacionados con el control de nuestras condiciones físicas al acercarnos a los cien años de edad?

Abraham: Sólo las limitaciones originadas por sus propias ideas restringidas, y todas son autoimpuestas.

Jerry: ¿Hay un momento para morir?, y si es así, ¿cuándo?

Abraham: No existe el final de su Conciencia, por lo tanto la "muerte" no existe en realidad. Pero existe un final para el tiempo en que su Conciencia fluye en este cuerpo particular que ustedes identifican como *ustedes*.

Ustedes deciden cuándo retirar su enfoque de este cuerpo. Si han aprendido a enfocarse en temas que los hacen sentir bien, y siguen encontrando cosas en este ambiente que los emocionen y les interesen, no hay límite en la cantidad de tiempo que pueden permanecer enfocados en sus cuerpos físicos. Pero cuando se enfocan negativa y crónicamente, se disminuye su Conexión con la Corriente de la Energía de la Fuente, y por ende, su experiencia física se acorta, pues su sistema físico no puede sostenerse a largo plazo sin el reabastecimiento de la Energía de la Fuente. *Sus emociones negativas son una señal de que están cortando el reabastecimiento de la Energía de la Fuente. Sean felices y tengan una larga vida.*

¿Es siempre la muerte una forma de suicidio?

Jerry: Entonces, ¿es siempre la muerte una forma de "suicidio"?

Abraham: Esta sería una forma de decirlo. Puesto que todo lo que experimentan ocurre debido al equilibrio de sus pensamientos, y nadie puede pensar por ustedes ni ofrecer su vibración, entonces todo lo que ocurre en sus vidas —incluyendo lo que ustedes llaman muerte física— es autoinflingido. *Muchos no deciden morir; sólo deciden no seguir viviendo.*

Jerry: ¿Qué piensan respecto a las personas que *deciden* morir y se *suicidan?*

Abraham: Da igual si el pensamiento que tienen ha sido escogido deliberadamente para enfocarse o si están apenas observando perezosamente algo y por ende piensan en eso. De todas maneras están pensando en eso, ofreciendo la vibración y cosechando el resultado en forma de manifestación de ese pensamiento. Por lo tanto, siempre están creando su propia realidad ya sea que lo estén haciendo o no a propósito.

Hay personas que tratan de controlar tu conducta por muchas razones distintas, quienes incluso desean controlar tu conducta respecto a tu propia experiencia personal, pero su nivel de frustración es mayor porque no tienen forma de controlar a los demás, y cada intento de control es un esfuerzo inútil y desperdiciado. Por esta razón, muchas personas se sienten incómodas con la idea de que otras personas se retiren deliberadamente de su experiencia física a través del "suicidio," pero deseamos que entiendan que aunque se suiciden, no dejan de existir, y ya sea que dejen esta experiencia física a través de un "suicidio" deliberado o una salida no deliberada, el Ser Eterno que son ustedes sigue siendo y observa la experiencia física que acaba de dejar tras de sí solamente con amor y aprecio hacia la experiencia.

Hay personas que están llenas de tanto odio durante su experiencia física que el estrangulamiento crónico de la Conexión con su Fuente y con su Bienestar es la razón de su muerte. Hay otros que sencillamente ya no encuentran razones interesantes para enfocarse y permanecer aquí, giran su atención hacia lo No Físico, y esta es la causa de su muerte. Y hay otros que no llegan a comprender la Energía ni el pensamiento ni la alineación, desean desesperadamente sentirse bien, pero no pueden encontrar la forma de acabar con el dolor crónico en que han vivido tanto tiempo por lo cual deciden deliberadamente resurgir en lo No Físico. En todo caso, ustedes son Seres Eternos quienes, una vez que se enfocan de nuevo en lo No Físico, se integran, se renuevan y se alinean por completo con *quienes en verdad son.*

Jerry: Entonces, ¿cada uno de nosotros escoge de alguna manera el tiempo que va a vivir en cada experiencia de vida?

Abraham: Ustedes vinieron con la intención de vivir y expandirse llenos de gozo. Cuando ignoran su *Sistema de Guía,* continúan encontrando pensamientos que bloquean la Conexión con su Fuente, disminuyen su Conexión con la Corriente de Energía de la Fuente que los reabastece, y sin ese apoyo, se marchitan.

Un proceso para manejar el peso de nuestro cuerpo

Jerry: ¿Cuál proceso nos recomiendan para las personas que desean controlar su peso?

Abraham: Hay tantas y tantas creencias respecto a este tema. Se han intentado tantos métodos, y la mayoría de los Seres que siguen batallando con el control de su peso han intentando esos métodos con muy poco éxito. Por eso, su *creencia* es que no pueden controlar su peso, y no lo hacen.

Los animamos a visualizarse como desean estar y así atraerlo. Atraerán rápida y fácilmente las ideas, la confirmación de otros y todas las circunstancias y eventos que harán que comiencen a verse de esa forma.

Cuando te sientes obeso, no puedes atraer delgadez. Cuando te sientes pobre, no puedes atraer prosperidad. Lo que eres —el estado de ser que *sientes*— es la base desde la cual atraes. Por eso es que "cuanto mejor se ponen las cosas, mejor se ponen las cosas; y cuanto peor se ponen las cosas, peor se ponen las cosas."

Cuando te sientas muy negativo respecto a algo, no martilles el tema buscando una solución inmediata porque tu atención negativa lo convertirá en algo peor. Distráete de la idea hasta que te sientas mejor, y obsérvala más tarde desde una perspectiva más fresca y positiva.

Jerry: Entonces, ¿es esta la razón por la que algunas personas con frecuencia hacen una "dieta drástica," pierden muchísimo peso y más tarde terminan recuperándolo todo? ¿Es debido a que el *deseo* era intenso, pero no *creían* ni se veían como personas delgadas, y volvieron a ser los mismos obesos de antes?

Abraham: Ellos *desean* la comida; *creen* que la comida los engorda. Y al pensar en lo que no desean, al *creerlo,* crean lo que no desean. Pero de nuevo, lo están haciendo de la forma más difícil. En la mayoría de las situaciones, la razón por la que pierden peso y lo recuperan rápidamente es porque jamás llegaron a verse como querían verse. Siguieron sintiéndose obesos. Siguieron pensando que lo eran, y esta era la imagen que mantenían en su mente... Tu cuerpo responderá a la imagen que tienes de ti, siempre. Esta es la razón por la cual si te ves sano, lo serás. Si te ves delgado, o lo que sea que quieras respecto a tus músculos, a la forma o al peso de tu cuerpo, esto también es lo que serás.

En relación con la comida, ¿puedo ir en pos de mi felicidad?

Abraham: Algunos arguyen que si siguen nuestros consejos y van en pos de su felicidad —siempre buscando cosas que los hagan sentir bien— terminarán consumiendo felizmente alimentos perjudiciales para su salud o para su peso. A menudo escogen la comida para intentar llenar un vacío cuando no se sienten bien. Sin embargo, si has estado ocupándote por un tiempo de tu equilibrio vibratorio, y has aprendido el poder de dirigir positivamente tus pensamientos hacia una imagen de tu cuerpo como deseas que sea, si crees entonces que consumir un alimento en particular se opone al logro de este propósito, la emoción negativa vendrá en forma de guía. *Jamás es buena idea proseguir con una acción que atrae emoción negativa, porque la emoción negativa significa que hay un desfase de Energía, y cualquier acción en la que participes durante una emoción negativa siempre producirá resultados negativos.*

La emoción negativa no aparece en una persona porque una comida en particular se oponga al Bienestar, sino debido a pensamientos contradictorios actuales. Dos personas pueden seguir exactamente la misma dieta, la misma rutina de ejercicios y obtener resultados opuestos, lo cual quiere decir que hay mucho más en juego que el consumo de comidas y la quema de calorías. *Tus resultados son siempre y solamente respecto a tu alineación de Energía causada por los pensamientos que tienes.*

Un principio general a seguir es: "Sé feliz y luego come, pero no trates de comer para conseguir la felicidad." Cuando logres que tu equilibrio vibratorio sea tu principal prioridad, cambiará tu relación con la comida y tu impulso por buscarla; pero todavía más importante, cambiará tu respuesta a la comida. Alterar tu *conducta* respecto a la comida sin atender primero tu vibración rinde resultados mínimos; mientras que alterar los *pensamientos* rendirá grandes beneficios sin necesidad de alterar la *conducta.*

Y entonces, digamos que has decidido que deseas estar muy delgado, pero ahora mismo no te ves como te gustaría. Y tu creencia es: *Si me como esto, engordaré.* Como *deseas* estar delgado, pero *crees* que comer esto te engordará, sentirás emoción negativa al comerlo. Puedes llamarlo *culpa, desilusión* o *enojo,* pero sea lo que sea, *te sientes mal al comerlo y dadas tus creencias y dado el deseo que mantienes, esta acción no está en armonía. Si decides ir en pos de tu felicidad, te descubrirás sintiéndote bien respecto a comer lo que armoniza con tus creencias y mal respecto a comer lo que no lo hace. Una vez que un deseo se ha establecido en tu interior, no es posible ofrecer una conducta que crees que lo contradice sin que sientas emoción negativa.*

¿Cuáles son mis creencias respecto a la comida?

Abraham: Tus creencias respecto a la comida se reflejan de forma palpable en las experiencias que vives:

- Si *crees* que puedes comer casi todo y no ganar peso, esta es tu experiencia.

- Si *crees* que ganas peso con facilidad, lo haces.

- Si *crees* que ciertas comidas te proporcionan Energía, lo hacen.

- Si *crees* que ciertas comidas te privan de tu Energía, lo hacen.

- Si deseas perder peso, pero *crees* que una dieta en particular no te va a servir para adelgazar, y sigues esta dieta, engordarás.

Al principio, las personas rechazan nuestro análisis en apariencia demasiado simplista de sus creencias respecto a la comida y de cómo afectan su realidad física. Y es porque piensan que sus creencias se han formado con base en la experiencia observada, y es difícil para ellas argüir con la evidencia "objetiva" que han obtenido a través de sus experiencias de vida y de la observación de las vidas ajenas.

No obstante, la observación de resultados les ofrece apenas información deficiente e insuficiente, porque a menos que tengan en cuenta los *deseos* y las *expectativas,* es irrelevante calcular la acción de lo se ha o no comido. Sencillamente, no pueden dejar por fuera el ingrediente más importante en la receta de la creación y comprender el resultado.

Las personas responden de forma distinta a la comida porque la comida no es la constante, los pensamientos sí lo son. Lo que marca la diferencia es lo que ustedes piensan respecto a la comida.

Las opiniones de los demás respecto a mi cuerpo son insignificantes

Pregunta: Mi pareja me dijo que yo tenía un rollito de grasa en mi cintura y que sería bueno que trabajara mucho para deshacerme de él; por ejemplo, haciendo más ejercicio, comiendo menos o pidiendo ensaladas en los restaurantes. Y como fue mi pareja quien me lo dijo, me lo tomé a pecho y mi rollito se agrandó.

Abraham: La cosa más importante que deseamos que entiendas es que cuando uses la palabra *pareja,* debes usar siempre la palabra *insignificante* respecto a él o a ella. [Risas] (Nota de la traductora: Juego de palabras en inglés que se refiere a la expresión "significant other" que significa la pareja de alguien).

Desde luego, entendemos que las personas en tu vida son significativas, pero no debes permitir que sus opiniones sean más importantes que las tuyas, y cada vez que otra persona influya en ti para que te enfoques en algo que te hace sentir mal, habrás recibido influencia negativa.

Deseamos que practiques tus propios pensamientos de forma tan constante que las opiniones de los demás sean irrelevantes para ti. La única libertad que alguna vez llegarás a experimentar será la que logres en la ausencia de resistencia, lo que quiere decir que tendrás que encontrar la manera de alinear tus pensamientos crónicos con los pensamientos de tu propio *Ser Interior*. Jamás hemos visto a nadie que haya logrado esta alineación, o el sentimiento de libertad, teniendo en cuenta los deseos o las creencias de los demás. Hay demasiados factores en juego y no es posible resolverlos todos.

Por lo tanto, si alguien te dice: "Veo algo en ti que no me gusta," nosotros le diríamos: "Mira hacia otro lado, entonces. ¿Qué te parece mi nariz? Preciosa, ¿no? [Risas] ¿Y qué opinas de mi oreja izquierda?" Es decir, animaríamos a la otra persona para que observe aspectos positivos, lo haríamos de forma divertida y no permitiríamos sentirnos ofendidos. De hecho, practicaríamos pensamientos positivos respecto a nuestra vida hasta que lográramos que fuera imposible ofendernos.

Un ejemplo de mi "antigua" historia sobre mi cuerpo

No estoy feliz con la forma en que luce mi cuerpo. He estado delgado y en buena forma en algunas épocas de mi vida, pero nunca ha sido fácil, y esos periodos no han sido muy largos. Parece que siempre he tenido que trabajar increíblemente duro para llegar apenas cerca de cómo deseo lucir, y luego no logro permanecer en ese estado. Estoy cansado de privarme de la buena comida sólo para terminar luciendo como ni siquiera me gusta. Es muy duro. No tengo la clase de metabolismo que me permite comer mucho de las cosas que saben bien. No es justo. Pero tampoco me gusta estar pasado de peso...

Un ejemplo de mi "nueva" historia sobre mi cuerpo

Mi cuerpo es sobretodo un reflejo de mis pensamientos. Me siento feliz de comprender el poder de dirigir mis pensamientos, y siento entusiasmo ante la idea de ver cambios físicos en mi cuerpo, lo que refleja mis cambios en mis pensamientos. Me siento bien anticipando mi nueva talla y mi mejor forma, y me siento confiado en que esos cambios vienen en camino. Y, mientras tanto, por lo general me siento tan bien que no me siento infeliz con mi estado actual. Es divertido pensar con un propósito en mente, y todavía más divertido ver los resultados de esos pensamientos escogidos deliberadamente. Mi cuerpo responde muy bien a mis pensamientos. Me gusta saber eso.

No hay forma correcta o incorrecta de contar tu historia mejorada. Puede ser respecto a tu pasado, a tu presente o a tu futuro. El único criterio importante es que seas consciente de tu intención de contar una versión de tu historia mejorada y que te haga sentir bien. Contar durante el día muchas historias cortas que te hagan sentir bien, cambiará tu punto de atracción. Solamente recuerda que la historia que *tú* cuentas es la base de *tu* vida. Cuéntala entonces como deseas que sea.

QUINTA PARTE

Las profesiones como fuentes de placer lucrativas

Mis primeros pasos en la selección de mi profesión

Jerry: ¿Cómo sugieren que sepamos si hemos escogido la profesión apropiada? ¿Y cómo podemos tener éxito en la carrera o profesión que escojamos?

Abraham: ¿Cuál es tu definición de *profesión?*

Jerry: Una *profesión* es el trabajo en la vida. Una ocupación a la cual uno puede dedicarse y poner en ella lo mejor y lo máximo de nosotros. Y, por supuesto, en la mayoría de los casos, la gente también desea una retribución financiera a cambio.

Abraham: ¿A qué te refieres por *el trabajo en la vida?*

Jerry: Un trabajo que uno planifica realizar el resto de su vida, como un empleo, una profesión, negocio o un comercio...

Abraham: ¿Nos estás diciendo que es una creencia difundida, o un deseo aceptado por tu cultura, escoger una profesión y luego esperar vivir felices el resto de sus vidas haciendo lo mismo por siempre?

Jerry: Pues bien, hasta donde yo recuerdo, así ha sido por tradición. Desde que era muy joven, me preguntaban qué quería ser cuando grande. Ahora, me parece interesante que incluso cuando era un niño muy pequeño, los adultos que me rodeaban me infundían un sentido de urgencia para que escogiera una profesión. Recuerdo que cuando veía al lechero entregando esa hermosa y deliciosa leche en botellas de vidrio, al alejarse pensaba que ésa podía ser mi profesión. Y luego cuando veía a un policía *haciendo* que mi madre detuviera su auto para que se saliera de la carretera, sentía tal admiración por alguien que fuera capaz de hacer que mi madre hiciera algo, que por un tiempo decidí que quería ser policía. No mucho después, un médico arregló mi brazo fracturado, y pensé que quería ser doctor, luego cuando hubo un incendio en nuestra casa, me pareció que mejor sería ser bombero.

E incluso después de convertirme en lo que muchos consideran un adulto, seguía observando y considerando la multitud de opciones desde mi perspectiva siempre cambiante. Las personas que me rodeaban estaban un poco desilusionadas, porque yo me pasaba cambiando de una cosa a otra en vez de establecer mi vida en un "trabajo" o "profesión."

Abraham: Muchas personas, al leer la historia de tu infancia y los eventos de tu vida que influyeron tus ideas de lo que querías ser cuando grande, podrían considerar infantiles o fantasiosas tus ideas siempre cambiantes. Pero deseamos que reconozcan lo siguiente: ustedes siempre están siendo inspirados por los eventos de sus vidas, y cuando se permiten seguir el flujo de esas ideas inspiradas, es mucho mayor el potencial de tener una experiencia gozosa, que si seleccionan su profesión basados en las razones que la gente usa para justificar sus decisiones como una tradición familiar o ingresos potenciales.

No es sorprendente que sea tan difícil para tantos decidir lo que harán el resto de sus vidas, porque ustedes son Seres multifacéticos y su intención dominante es disfrutar su esencia absoluta de libertad; y en su búsqueda de experiencias gozosas, experimentar expansión y crecimiento. Es decir, sin una verdadera percepción de *libertad*, jamás lograrán sentirse *dichosos;* y sin *dicha*, no pueden experimentar la verdadera *expansión*. Por lo tanto, por muy infantil que les parezca a muchos, es natural que la vida inspire su siguiente aventura y la siguiente, y la siguiente.

Les aconsejamos que decidan, lo más temprano posible en la vida, que su intención dominante y la razón de su existencia es vivir felices para siempre. Esto sería una perfecta selección de profesión: gravitar hacia las actividades y acoger los deseos que armonizan con sus intenciones básicas que son la libertad y la prosperidad..., y la dicha. *Que su "profesión" sea llevar una vida feliz en vez de tratar de encontrar un trabajo, que les produzca suficientes ingresos para comprar cosas con dinero que los hagan luego felices. Cuando ser felices sea de tremenda importancia para ustedes, y cuando lo que hagan "para mantenerse" los haga felices, habrán encontrado la mejor de todas las combinaciones.*

Pueden llegar a ser excelentes en sentirse bien en todas las condiciones, pero cuando son excelentes en conseguir primero su equilibrio vibratorio —y luego atraen circunstancias y eventos desde ese lugar de alegría— su potencial de felicidad continua es mucho mayor.

"¿En qué trabajas?"

Jerry: Todavía hoy en día existen culturas (por lo general las llamamos primitivas o salvajes) que parecen vivir en el momento, sin empleos. Es decir, cuando tienen hambre, pescan o buscan una fruta en un árbol.

Abraham: ¿Serán de los que leen esto? [Risas] [No, ellos no lo leerían.] ¿Cuál es la categoría básica de personas que según tú leerían esto?

Jerry: Las personas que creen que es esencial tener un tipo de empleo que les produzca ingresos.

Abraham: ¿Cuál crees que es la razón predominante por la que las personas creen que deben encontrar una profesión temprano en la vida y luego seguirla por el resto de sus vidas?

Jerry: Desde luego que no puedo opinar por los demás, pero parece como si fuera casi moral o ético que *debemos,* o estamos *obligados,* a encontrar un trabajo que produzca dinero. Es decir, es considerado inapropiado recibir dinero sin dar algo a cambio o sin ser productivos de alguna manera.

Abraham: Tienes razón. Muchas personas sienten la necesidad de justificar su existencia a través del esfuerzo o del trabajo, y esta es quizá la razón por la cual la primera pregunta que alguien le hace a otra persona cuando la conoce es: *¿En qué trabajas?*

Jerry: Durante unos cuarenta años, me ganaba la vida trabajando una hora y media al día. Y a menudo las personas expresaban una especie de resentimiento de que yo pudiera ganar tanto dinero con tan poco esfuerzo, lo cual casi siempre evocaba una justificación de mi parte explicando toda la energía que ponía en esos noventa minutos, los años que me tomó llegar a ser tan bueno en lo que hacía o todo el esfuerzo que tenía que hacer para comenzar a trabajar. Es decir, siempre sentía la necesidad de justificar que en realidad sí *estaba* pagando un precio justo por lo que estaba recibiendo.

Abraham: Cuando estás en alineación vibratoria (en alineación con la Fuente en tu interior y que tus propios deseos y creencias están en equilibrio), jamás sientes necesidad de justificarte ante los demás. Muchas personas tratan de justificar su conducta o sus ideas ante los demás, pero jamás es buena idea usar las opiniones ajenas como guía para buscar la alineación en vez de hacerlo usando su propio *Sistema de Guía.*

Muchas personas al comienzo de tu vida intentaron exigirte que acataras sus reglas y opiniones; pero si permites que sus deseos sean cruciales para la toma de tus decisiones, solamente te alejas cada vez más de tu alineación con *quien en verdad eres* y con las intenciones con las que naciste, así como con las que han ido evolucionado por la experiencia que estás viviendo. *Jamás experimentarás las delicias de la libertad a menos que liberes tu deseo de*

complacer a los demás y lo reemplaces por tu poderosa intención de ali-
nearte con <u>quien en verdad eres</u> (con tu Fuente), estando alerta a cómo te
sientes y escogiendo pensamientos que te hagan sentir bien y te permitan
saber que has encontrado tu alineación.

Cuando sientes que alguien te está desaprobando o atacando,
tu respuesta natural es defenderte, pero la necesidad de defenderte
se aminora cuando te entrenas para estar en alineación con tu *Ser*
Interior, porque todos los sentimientos de vulnerabilidad habrán
sido reemplazados con el sentimiento de confianza de *quien en ver-*
dad eres.

No importa las decisiones que tomes, siembre habrá alguien que no
esté de acuerdo con ellas, pero cuando encuentras tu equilibrio y mantie-
nes tu alineación, muchos de los que te observan se sentirán inclinados
a preguntarte cuál es tu secreto del éxito, en vez de criticarte por ser exi-
toso. Y aquellos que sigan criticándote no encontrarán satisfacción en tu
justificación, no importa qué tan convincente sea tu argumento.

No es tu papel arreglar las carencias de los demás, tu papel
es *mantenerte* en equilibrio. Cuando permites que tu sociedad, o
incluso una sola persona te dicte lo que debes o no desear o cómo
debes comportarte, perderás tu equilibrio, porque estarás desa-
fiando tu sentido de libertad, la esencia de tu propio Ser. *Cuando le*
prestas atención a lo que sientes y practicas pensamientos que te empo-
deran y te alinean con <u>quien en verdad eres,</u> ofreces un ejemplo de pros-
peridad que será de tremendo valor para aquellos que tienen el beneficio
de observarte.

<u>*Nunca puedes ser lo suficientemente pobre como para ayudar a los*</u>
<u>*pobres a prosperar, ni estar lo suficientemente enfermo como para ayu-*</u>
<u>*dar a los enfermos a mejorarse. Solamente puedes ayudar a los demás*</u>
<u>*desde tu posición de fortaleza, claridad y alineación.*</u>

¿La *Ley de Atracción* y la profesión?

Abraham: ¿Cuál es la principal razón para desear una profesión?

Jerry: Leí un estudio realizado hace poco que concluía que lo que la mayoría de las personas busca es *prestigio*. Es decir, ante la opción de tener un título más importante o tener más dinero, la mayoría escoge el título.

Abraham: Aquellos que buscan el prestigio han reemplazado su propio *Sistema de Guía* por la búsqueda de aprobación ajena, y esta es una manera poco satisfactoria de vivir, porque los espectadores que esperan complacer no colocan por mucho tiempo su atención en ustedes. Es muy probable que este estudio esté en lo cierto porque es verdad que la mayoría de las personas se preocupa más por lo que los demás piensan sobre ellas que sobre lo que ellas sienten personalmente; pero en esta forma de guía, no puede haber consistencia.

Algunas veces las personas se preocupan de que si consideran lo que las hace felices por encima de todas las cosas, serían egoístas y se mostrarían desinteresadas e injustas hacia quienes las rodean, pero sabemos que sólo lo opuesto es cierto. *Cuando te preocupas por tu alineación con la Fuente, la cual está representada en lo que sientes, y trabajas para mantener tu Conexión, cualquier persona que sea el objeto de tu atención recibirá el beneficio de tu atención. No puedes ayudar a nadie a menos que estés conectado primero tú mismo con la Corriente de Bienestar.*

Comprendemos que puedes sentirte muy bien cuando otras personas te consideran su objeto de atención y te demuestran afecto, porque están haciendo exactamente lo que acabamos de explicarte: en su aprecio hacia ti, están conectadas a la Fuente y están derramando sobre ti esta conexión. Pero no es práctico pedirle a los demás que estén siempre en alineación con la Fuente y mantenerte siempre como su objeto de atención para que puedan derramar sobre ti el Bienestar que están recibiendo, porque no puedes controlar su conexión y no serás siempre su único objeto de atención. Sin embargo, si tienes control absoluto sobre tu propia Conexión con la Fuente, y si tu intención dominante es mantener tu Conexión dejando a los demás fuera de la ecuación, serás libre de intentar complacer a los demás (lo cual no puedes hacer consistentemente), y serás capaz de mantener una Conexión y un sentimiento de Bienestar consistente.

Una cosa interesante que deben tener en cuenta es que aquellos que se interesan en cómo se sienten, que se mantienen consistentemente en una actitud de emociones agradables, que están conectados con la Fuente y están fluyendo pensamientos positivos hacia las cosas en las que se enfocan, por lo general son considerados *atractivos* por los demás, y a menudo reciben mucho aprecio y aprobación.

No puedes recibir la aprobación que anhelas si la *necesitas* o si sientes que *careces* de ella. Una oficina con una vista maravillosa o un lugar en un estacionamiento con tu nombre, o un título sensacional al lado de tu nombre no pueden llenar el vacío causado por no estar en alineación con *quien en verdad eres*. Cuando logras esta alineación, estas cosas se sienten menos importantes, pero entonces, curiosamente, llegan de todas maneras.

Llenar mi vacío por medio del servicio

Jerry: Durante mis veinte años en una amplia variedad de posiciones en la industria del entretenimiento, llegué a divertirme mucho; sólo requería unas pocas horas de mi tiempo, y tuve muchos retos y aventuras porque tuve nuevas y variadas experiencias... sin embargo, a menudo le decía a la gente que me sentía como si estuviera caminando a través de las dunas de la vida: miraba hacia atrás y no había huellas. En otras palabras, sentía que le ofrecía a mis audiencias un placer temporal, pero no les dejaba nada de valor duradero.

¿Será que todos poseemos inherentemente el deseo de estimular a los demás? ¿Proviene este deseo de otro nivel de nuestro ser, o adoptamos estas intenciones de los que nos rodean una vez que nacemos en este ambiente físico?

Abraham: *Ustedes nacen con el deseo de ser útiles, con el deseo de estimular a los demás. Y nacen sabiendo que son valiosos. Esa* sensación de carencia que describías no estaba muy relacionada con no ser capaz de ofrecer a los demás un valor duradero, sino debido a que tus pensamientos te estaban alejando de tu propia alineación personal. Funciona de la siguiente manera: cuando estás en alineación con *quien en verdad eres* (con tu *Ser Interior* o Fuente), no puedes evitar estimular a aquellos con quienes tienes contacto, *y* en esta alineación, no adviertes a tantos de aquellos que no están en alineación. *La Ley de Atracción no te rodea de personas insatisfechas cuando estás satisfecho. Y la Ley de Atracción no te rodea de personas satisfechas cuando estás insatisfecho.*

Sencillamente, no puedes compensar tu propia falta de alineación ofreciendo más tiempo, energía o acción. No puedes encontrar ideas que sean lo suficientemente efectivas como para compensar la diferencia. Tu valor para aquellos que te rodean radica solamente en una cosa: tu alineación personal con la Fuente. Y lo único que tienes para darle a otro es un ejemplo de esa alineación, la cual ellos pueden observar, luego desear y luego trabajar para conseguirla. Pero *tú* no puedes proporcionársela.

La diversión que le ofrecías a tus audiencias era en verdad un don mucho mayor que lo que eras capaz de reconocer en esa época, porque le ofrecías distracción de sus problemas; y en la ausencia de atención de los miembros de tu audiencia hacia sus problemas, en verdad lograban, en muchos casos, su alineación temporal con la Fuente. Pero tú no puedes ayudar a cada uno de ellos, manteniéndote como su único objeto de atención para mantener sus sentimientos agradables. *Cada uno es responsable de sus pensamientos y de las cosas que escogen como su objeto de atención.*

Todos ustedes comprenden, muy en su interior, que son creadores gozosos, y siempre están inclinados hacia esa realización, pero no hay una lista de requisitos muy larga que deban cumplir. Su intención fue dejar que su ambiente físico les inspirara ideas infinitas de expansión o deseo, y luego tuvieron la intención de alinearse con la Energía de la Fuente en su interior para el logro de esas ideas. Es decir, sabían que sus deseos nacerían de su participación aquí, y entonces, una vez que su deseo estuviera vivo en su interior, podrían enfocar sus pensamientos hasta lograr tener expectativas, y luego sus deseos se harían realidad.

El papel primordial que juegan los que te rodean en esa ecuación de creación es ofrecer la variedad desde la cual tus deseos nacen. *No era tu intención medir tu valor contra el valor de los demás, sino que te inspiraran nuevas ideas por la combinación de cosas que ocurren a tu alrededor. Cualquier comparación con los demás tiene solamente la intención de inspirarte una expansión de tu deseo. Nunca se supuso que la comparación te aminorara o descontara tu valor.*

Tu vida no es cuestión de lo que harás después del trabajo, o durante el fin de semana, o después de retirarte. Tu vida está ocurriendo ahora y está realmente representada por cómo te sientes ahora mismo. Si te sientes mal en tu trabajo o no te sientes satisfecho o te parece que es demasiado duro, no es porque estés en el lugar equivocado, sino porque tu perspectiva está enturbiada por pensamientos contradictorios.

No puedes tener un final feliz en una jornada que no ha sido placentera. El fin definitivamente no justifica los medios. Los medios, o el sendero que recorres, siempre atrae la esencia de un final idéntico.

¿Ayudará a los demás mi propio éxito?

Jerry: Mi libertad siempre ha sido lo más importante para mí, por eso jamás he estado dispuesto a renunciar a ella a cambio de dinero. Siempre había dicho que tenía muy poco interés en el dinero porque no estaba dispuesto a renunciar a mi libertad a cambio de él, pero luego con el tiempo, ese sentimiento de "no dejar huellas en la arena" me hizo cuestionarme, me hizo pensar que si realidad no había nada más en la vida que solo divertirse.

Poco después de darme cuenta de eso, encontré el libro *Piense y hágase rico*, y aunque la idea de *pensar* o de *enriquecerme* era algo hacia lo que yo había negado sentir interés, ese libro llamó mi atención y me sentí muy atraído hacia él. Cuando lo tomé en mis manos, se me puso la carne de gallina en todo el cuerpo, sentí que había encontrado algo que tendría gran significado en mi vida. El libro decía: *¡Tome una decisión respecto a lo que desea!* Era una declaración en apariencia simple, pero sentí su poder de una forma nueva, y por primera vez en mi vida, comencé conscientemente a tomar decisiones respecto a lo que deseaba, y a escribirlas: "Quiero ser mi propio jefe; quiero un negocio propio; no quiero una oficina; no deseo anclarme en un negocio; no quiero empleados, no quiero este tipo de responsabilidad. Lo que deseo es *libertad*."

Deseaba poder controlar mis ingresos. Deseaba poder moverme a voluntad y viajar o estar donde quisiera. *Deseaba que mi trabajo fuera algo en donde pudiera estimular cada vida con quien entrara en contacto (o que al menos siguieran como estaban) pero que nadie jamás se sintiera inferior por haberme conocido.*

La gente solía reírse cuando les decía eso. Decían: "¡Oh, Jerry, eres tan soñador! No existe algo así." Y yo les decía: "Pues tiene que existir. Emerson dijo: 'No tendrías el deseo si no tuvieras la habilidad para hacerlo realidad.'" Y yo lo creía. Entonces, realmente tenía expectativas de que se presentaran oportunidades a lo largo del camino...

No más de un mes después de aclarar mis *deseos,* conocí a un hombre que me habló de un negocio que podía iniciar en California, y que respondía a todo lo que yo estaba pidiendo. Durante los siguientes años de mi vida, ese negocio realmente floreció. Nuevamente, se realizó la esencia de todo lo que yo había escrito que deseaba.

Deseo libertad, prosperidad y alegría

Jerry: Nunca dije que tenía que ser algo que yo fuera capaz de hacer, ni que tuviera el talento o la habilidad o la experiencia para hacerlo; solamente dije: *Esto es lo que quiero.*

¿ Somos todos capaces de eso? ¿Podemos todos tener todo lo que deseamos una vez que estamos claros respecto a lo que deseamos?

Abraham: Sí. *Si esta experiencia de vida ha inspirado el deseo en tu interior, esta experiencia de vida tiene los recursos necesarios para realizarlo hasta el último detalle.*

Llegaste a esas decisiones sobre lo que deseabas a lo largo de mucho tiempo debido a la experiencia de vida que has tenido. Tu punto decisivo de enfocarte en esas decisiones y escribirlas de manera clara originó que se enfatizara tu *creencia* respecto a ellas. Y cuando tus *deseos* y tus *creencias* se unen, llegan las *expectativas*. Y una vez que las *expectativas* respecto a un deseo están en tu interior, entonces ese deseo llega rápidamente a tu experiencia.

Ser libre era el elemento más importante en los deseos que tuviste por un tiempo, y cuando viste algo que creías que no amenazaba tu deseo de libertad, y que a la vez tenía el potencial de atraerte ingresos, permitiste que se expandiera tu deseo de más ingresos, mientras que antes repelías de inmediato cualquier cosa que percibieras como una amenaza a tu libertad.

Todos ustedes nacieron con una triada de intenciones pulsando en su interior: *libertad, prosperidad* y *alegría*. La *libertad* es la base de lo que son porque todo lo que les llega, lo hace como respuesta a sus pensamientos, y nadie tiene control sobre sus pensamientos más que ustedes mismos. Cuando la *alegría* es su anhelo dominante y logran entrenar con gentileza sus pensamientos para que estén en alineación con *quienes en verdad son*, toda la resistencia decae, y se permiten entonces la *expansión* o la *prosperidad* que su experiencia de vida les ha inspirado.

Deseo sentirme bien en mi vida

Abraham: *Cuando escojan una profesión, cuando hagan cosas que su trabajo actual requiere, si su intención dominante es sentirse alegres mientras hacen su trabajo, su triada de intención se alineará rápida y fácilmente, porque al lograr sentirse bien, se alinean por completo con el aspecto de su Ser más amplio y No Físico. Esta alineación permite entonces la expansión hacia todas las cosas que su vida les ha ayudado a identificar como sus deseos, para que su prosperidad llegue de inmediato y sea satisfactoria.*

La *libertad* es la base de su experiencia de vida, no es algo que tienen que merecerse. La *alegría* es su objetivo. La *prosperidad* es el resultado de todo lo anterior. Pero si creen que son indignos y se dedican a probar su mérito a través de la acción, no podrán encontrar su equilibrio. A menudo explicamos esta triada perfecta de intención: *libertad, prosperidad y alegría*, pero la mayoría de los Seres físicos gira entonces su atención de inmediato hacia la idea de *prosperidad*, en su intención errónea de comprobar su mérito, mérito que jamás ha estado en cuestionamiento. No tienen nada que probar a nadie y nada que justificar. *Su razón de existir no necesita justificación, porque su existencia es la justificación.*

Yo creo mi propia profesión en donde encuentre la alegría

Abraham: *Desearíamos que vieran su "profesión" como una experiencia de vida llena de alegría. Ustedes no son imitadores de cosas ni reproductores maquinales de lo que otros hayan creado, ni tampoco son coleccionistas de cosas. Ustedes son creadores, y el tema de su creación es su experiencia de vida llena de alegría. Esta es su misión. Esta es su búsqueda. Para eso están aquí.*

¿Es inmoral recibir sin dar?

Jerry: Abraham, ¿dirían ustedes que es moral o correcto desde el punto de vista ético que uno no dé nada a cambio? Es decir, si uno viviera solamente de dinero heredado, o se ganara una suma de dinero, como la lotería, o viviera de la asistencia social o de dinero donado, ¿dirían ustedes que eso sería apropiado para *todos*?

Abraham: Tu pregunta sigue implicando que hay un precio que pagar para que el Bienestar fluya hacia ti, y que se requiere algún tipo de acción para justificar el flujo del Bienestar. Ese no es el caso. *No es necesario ni posible justificar el Bienestar que fluye hacia ti, pero sí es necesario alinearse con el Bienestar. No puedes enfocarte en la carencia de Bienestar y permitir el Bienestar en tu experiencia.*

Muchas personas se enfocan en cosas *indeseadas*, sin prestar atención deliberada hacia la Guía emocional en su interior, y luego tratan de compensar por sus pensamientos de carencia con acciones físicas. Y debido a la falta de alineación de Energía, no obtienen los resultados de sus acciones, entonces hacen un esfuerzo mayor ofreciendo más acción, y aun así las cosas no cambian.

Como el aire que respiras, toda la abundancia está siempre disponible para ti. Tu vida será sencillamente tan buena como le permitas ser.

Si crees que debes trabajar duro para que te llegue la abundancia, entonces ésta no te llegará sin trabajar duro. Pero en muchos casos, en cuanto más trabajas, peor te sientes, y en cuanto más mal te sientes, más bloqueas los resultados que deseas recibir de tu arduo trabajo. No es sorprendente que tantas personas se sientan desanimadas y no sepan qué camino tomar, pues parece que no importa lo que hagan, no logran prosperar.

Aprecio, amor y *alineación* con la Fuente es la mejor forma de "dar a cambio," por decirlo así. Cuando *sufres* o *luchas,* no tienes nada que dar. Muchos se quejan de injusticias o de falta de equidad cuando ven que algunos reciben muchísimo y en apariencia realizan poco esfuerzo, mientras que otros trabajan muy duro y con frecuencia obtienen poco éxito, pero la *Ley de Atracción* es consistentemente justa. _Lo que viven es una réplica exacta de sus patrones vibratorios de pensamientos. Nada puede ser más justo que la vida que viven, porque según piensan así vibran, según vibran así atraen; siempre están obteniendo la esencia de lo que dan._

Jerry: Si sacáramos el dinero de la ecuación, por decirlo así, si no estamos *haciendo* algo con fines monetarios, ¿qué *deberíamos* hacer con nuestra vida?

Abraham: Lo que la mayoría está haciendo casi toda su vida es ofreciendo acción para tratar de compensar por el desequilibrio vibratorio. Es decir, piensan tanto en las cosas que *no desean*, y al hacerlo, bloquean el fácil flujo de lo que *desean* en su experiencia, y luego tratan de compensar con sus acciones por su falta de alineación. Si atienden primero su alineación vibratoria —reconociendo el valor de sus emociones y tratando de enfocarse en las cosas que los hacen sentir bien— se beneficiarán tremendamente de esa alineación, y cosas maravillosas fluirán hacia ustedes sin tener que hacer tantas cosas.

La mayoría de las cosas que hacen en la actualidad las hacen en medio de tremenda resistencia vibratoria, y esta es la razón por la cual tantas personas han llegado a creer que la vida es una lucha. También es la razón por la que muchos, como tú, creen que el éxito y la libertad están en conflicto, cuando en realidad son sinónimos. *No es necesario sacar el dinero de la ecuación, pero sí es necesario que su búsqueda de la alegría sea la parte más dominante de su ecuación. Cuando lo hacen, la abundancia fluye hacia ustedes de todas las formas.*

Bienvenidos al planeta Tierra

Abraham: Si te habláramos el primer día de tu experiencia física, te seríamos de mucha utilidad, porque te diríamos: "Bienvenido al planeta Tierra. No hay nada que no puedas ser, hacer o tener. Y tu trabajo en esta vida —la profesión de tu vida— es buscar tu alegría."

"Vives en un Universo de libertad absoluta. Eres tan libre que cada pensamiento que tienes lo atraes hacia ti."

"Cuando tienes pensamientos que te hacen sentir bien, estás en armonía con *quien en verdad eres.* Usa entonces tu inmensa libertad. *Busca primero tu alegría, y toda la prosperidad que jamás hayas imaginado te llegara alegre y abundantemente.*"

Pero este no es el primer día de tu experiencia de vida. En muchos casos, estás leyendo esto mucho tiempo después de haberte convencido de que no eres libre y de que no eres merecedor, y que debes probar, a través de la acción, que eres digno de recibir. Muchos de ustedes están actualmente involucrados en profesiones o en trabajos que no encuentran placenteros, pero sienten que no pueden dejarlos debido a las repercusiones financieras que causarían problemas incluso peores de los que están experimentando.

Muchos otros que no tienen un trabajo actual que les produce ingresos, se sienten mal al no tener medios de supervivencia ni la promesa de un futuro asegurado. Pero, no importa en donde se encuentren ahora mismo pues si toman y mantienen la decisión de mirar solamente los aspectos positivos de su vida actual, detendrán la resistencia, la cual es lo único que los aparta de sus deseos.

No tienes que retroceder y deshacer el pasado ni azotarte por lo que no has logrado todavía. Si puedes, en esencia, observar este momento como el comienzo de tu vida —haciendo lo máximo para resistir los sentimientos desagradables, los pensamientos de resistencia de indignidad o resentimiento que a menudo rodean el tema del dinero— tu perspectiva económica comenzará a cambiar ahora mismo. Solamente tienes que decir: *Aquí estoy, en el primer día del resto de mi experiencia de vida física. Y es mi intención dominante, desde este momento en adelante, buscar las razones para sentirme bien.* **Quiero sentirme bien. Nadas es más importante para mí que sentirme bien.**

Lo más importante es sentirme bien

Abraham: A menudo hay cosas en tu ambiente de trabajo que no te llevan a sentirte bien, y a menudo crees que tu único camino para llegar a sentirte bien es alejarte de esas influencias negativas. Pero la idea de renunciar e irte tampoco te hace sentir bien porque podría causar un lapso en tus ingresos cuando ya las cosas están malas de por sí, entonces, sigues infeliz y te sientes atrapado.

Si pudieras echarte un poco para atrás y ver tu profesión no como un trabajo que estás realizando a cambio de dinero, sino como una inversión en tu experiencia de vida a cambio de una experiencia gozosa, podrías entonces comprender que muchos de tus pensamientos y de las palabras que expresas no están en alineación con tu búsqueda de la alegría. Si dijeras: "Nada es más importante para mí que sentirme bien," te encontrarías guiándote hacia pensamientos, palabras y conductas distintos.

El sencillo ejercicio de buscar deliberadamente aspectos positivos de tu trabajo actual y de las personas con quienes trabajas, te proporcionará una sensación de alivio inmediato. Y este alivio será el indicador de un cambio en tu vibración, lo cual significa que tu punto de atracción ha cambiado. Una vez que esto ocurre, la *Ley de Atracción* hará que te encuentres con personas distintas y hará que tengas experiencias distintas con las mismas personas. Es como crear desde adentro, en vez de desde afuera, la versión basada en la acción que jamás funciona. *A partir de tu sencilla pero poderosa premisa de decidir que deseas sentirte bien, las cosas comenzarán a mejorar en formas dramáticas.*

¿Qué está obstaculizando mi profesión?

Jerry: ¿Qué les dirían a aquellos que están a punto de comenzar su primer empleo, o están cambiando de profesión y están considerando cosas como un incremento en sus ingresos o el potencial de prosperidad, una mayor demanda de productos o servicios y cosas por el estilo, al tratar de decidir qué dirección deben tomar?

Abraham: La vida que has vivido ha causado que determines los detalles de la experiencia que estás buscando, y la situación perfecta ya está alineada para ti. Tu trabajo ahora mismo no es salir y buscar las mejores circunstancias, sino más bien *permitir* la manifestación de las circunstancias que te llevarán directamente a una posición que satisface la miríada de intenciones que has llegado a tener a lo largo de tu experiencia de vida. Es decir, jamás sabrás con mayor claridad lo que *deseas* que cuando estás viviendo lo que *no deseas*.

Entonces, no tener suficiente dinero hace que *pidas* más dinero. Un patrón que no te aprecia hace que *pidas* alguien que aprecie tu talento y tu buena voluntad. Un empleo que te exige poco hace que *anheles* algo que te inspire mayor claridad y expansión a través de ti. Un empleo que requiere largos viajes en medio del tráfico hace que brote en ti el *deseo* de un trabajo más cerca de tu casa...

y así por el estilo. *Deseamos transmitirle a todo aquel que desee un cambio en su ambiente de trabajo, lo siguiente: ya está esperándote en una especie de Fideicomiso Vibratorio. Tu trabajo es alinearte con aquello que tus experiencias pasadas y actuales te han ayudado a identificar como tu deseo.*

Puede sonar extraño, pero la forma más rápida de mejorar tu ambiente laboral es buscar las cosas que te hacen sentir bien en tu ambiente actual. La mayoría de las personas hace exactamente lo contrario señalando las desventajas del lugar en donde se encuentran, en un esfuerzo por justificar un mejor ambiente. Pero puesto que la *Ley de Atracción* siempre te ofrece más de lo mismo a lo que le prestas tu atención; si tu atención está en cosas indeseadas, más cosas indeseadas estarán también en camino. *Cuando dejas una situación debido a las cosas indeseadas presentes, también encuentras la esencia de las mismas cosas indeseadas en tu siguiente ambiente.*

Piensa y habla sobre lo que deseas.

Haz una lista de las cosas agradables del lugar en donde estás.

Piensa con emoción sobre todo lo bueno que viene en camino.

Réstale énfasis a las cosas que no te gustan.

Enfatiza lo que te gusta.

Observa la respuesta del Universo a tu vibración mejorada.

Buscaré razones para sentirme bien

Jerry: Entonces, en otras palabras, a menos que las personas se enfoquen en lo que desean y retiren su enfoque de lo que *no* deseen en su posición actual o previa, ¿seguirán, de alguna manera, recreando una situación negativa?

Abraham: Esto es absolutamente correcto. *No importa qué tan justa sea tu emoción negativa, seguirás deteriorando tu futuro.*

La mayoría de ustedes ha pensado tanto en lo que desea como para vivir felizmente unas diez o veinte vidas, pero sus manifestaciones no les llegan porque la puerta está cerrada. Y la razón por la cual su puerta está cerrada es debido a que están demasiado ocupados quejándose de lo *que está ocurriendo* u ocupados defendiendo su posición... *Busquen razones para sentirse bien. Y en su alegría, abren la puerta. Y cuando abren la puerta, todas estas cosas a las que han dicho "las quiero" pueden entonces fluir hacia ustedes. Y tenemos expectativas de que, en estas condiciones, vivirán felices para siempre, lo cual, después de todo, era su intención cuando vinieron a esta profesión de experiencia de vida física.*

¿Deseo o tengo que?

Jerry: Durante mi niñez vivimos en una serie distinta de granjas de 16 hectáreas en Oklahoma, Missouri y Arkansas, hice muchas cosas variadas para ganar dinero, todas ellas muy arduas y nada divertidas. Desde recoger bayas; criar y vender pollos; plantar, cosechar y vender tomates; hasta cortar y vender leña; ganaba bastante dinero (para esa época), pero no disfrutaba en absoluto de mi trabajo. Luego, durante mis años de secundaria en Nueva Orleans, trabajé en otra serie de trabajos poco divertidos, como constructor de tejados, mecánico metalúrgico y ascensorista. Mi primer empleo, apenas un poco divertido, fue como salvavidas en Pontchartrain Beach.

Supongo que yo era como la mayoría de los que me rodeaban, y no se me ocurrió que la diversión y ganar dinero podían coincidir. Durante el tiempo en que trabajé en todas estas cosas poco divertidas y arduas, me divertía *después* del trabajo. Me reunía con otros chicos en el parque en la noche y tocaba la guitarra, cantaba en la iglesia y en el coro con la Ópera de Nueva Orleans. Dirigí un grupo de niños exploradores, fui acróbata y me ofrecí como voluntario de gimnasia y danza. Hice muchas cosas maravillosas y divertidas, pero no gané dinero en ninguna de ellas.

Sin embargo, una vez que me convertí en adulto, no volví a trabajar mucho en algo que no disfrutara. Por el contrario, trabajé por mi cuenta, y seguí haciendo todas esas cosas que me divertían, pero comencé a recibir dinero a cambio.

No me entrené ni planifiqué una profesión en música, canto o danza o acrobacia, pues ocurrió que el sindicato de trabajadores metalúrgicos entró en huelga, y cuando me quedé sin trabajo, un hombre del gimnasio de YMCA me pidió que me uniera al "Gran Circo de Santos y Artigas" en Cuba como artista acróbata de la barra aérea. Así que no seguí la dirección "segura" de constructor de tejados y metalurgia que mi padre deseaba para mí. (Con eso ganaba un salario estable y estaba entrenado para hacerlo, lo hacía muy bien a pesar de que me disgustaba tanto.) Pero como resultado de la huelga *no deseada* del sindicato, me dirigí con facilidad hacia lo que se convirtió en una vida alegre llena de aventuras e ingresos. Comencé como acróbata en el circo cubano y luego seguí en el mundo del espectáculo, en una faceta u otra, durante veinte años.

Abraham: Escucha cómo los detalles de tu vida te han demostrado claramente lo que te hemos ofrecido aquí. ¿Ves cómo esos primeros años de trabajo arduo haciendo cosas que no disfrutabas te ayudaron no solamente a identificar lo que no deseabas, sino además a determinar lo que preferías? Y aunque cuando adolescente trabajaste en cosas que no disfrutabas, pasabas mucho tiempo —en realidad cada segundo y minuto libre— haciendo cosas que te *gustaban* mucho. Entonces estaban en su lugar las dos partes de tu ecuación para la creación gozosa: el trabajo arduo hizo que *pidieras;* el tiempo que pasaste tocando música y haciendo gimnasia y cosas que amabas te colocó en un lugar crónico de *permitir;* y luego, a través del sendero de la menor resistencia, el Universo te entregó un sendero viable hacia la libertad, la prosperidad y la alegría que deseabas.

Debido a las cosas intensamente desagradables de esos primeros años de arduo trabajo, fuiste uno de los pocos que fuiste lo suficientemente raro, extraño o diferente como para permitirte ir en pos de tu felicidad. Y esto te llevó a muchas cosas que habías llegado a desear.

La mayoría de la gente siente que hay una gran diferencia entre las cosas que *desea* hacer y las cosas que cree que *tiene* que hacer.

Y la mayoría ha puesto todo lo que representa ingresos en la categoría de *las cosas que tiene que hacer*. Por eso es que con frecuencia, cuesta tanto ganar dinero, y es por eso que la mayoría de las veces no hay suficiente.

Si eres lo suficientemente sabio como para seguir la huella de los pensamientos que te hacen sentir bien, descubrirás que el sendero de la dicha te llevará a todas las cosas que deseas. Buscando deliberadamente aspectos positivos a lo largo del camino, llegarás a la alineación vibratoria con quien en verdad eres y con las cosas que verdaderamente deseas, y una vez que lo haces, el Universo debe entregarte los medios viables para lograr tus deseos.

¿Y si lo que me brinda placer atrae dinero?

Jerry: Por ejemplo, Esther y yo no teníamos intención de recibir ingresos de nuestro trabajo con ustedes, con Abraham. Disfrutábamos en verdad de aprender con ustedes, y estábamos fascinados con los resultados positivos que estábamos obteniendo personalmente cuando aplicábamos lo aprendido, pero jamás fue nuestra intención que nuestro trabajo con ustedes se convirtiera en un negocio. Era una experiencia iluminadora de puro placer (y sigue siéndolo), pero ahora se ha expandido de forma dramática en una empresa multinacional.

Abraham: ¿Estás diciendo que mientras tu experiencia de vida se expandía, tus ideas y deseos también se expandieron? Y aunque al comienzo, no eras capaz de ver o describir los detalles de *cómo* se desarrollarían las cosas..., porque era divertido y te sentías bien, esto se convirtió en un medio poderoso para realizar tus deseos y metas que habías establecido mucho tiempo antes de encontrarnos o de comenzar con este trabajo?

Jerry: Sí. Mi intención original al conocerlos a ustedes era aprender una manera más efectiva de ayudar a los demás a tener mayor éxito financiero. Y también deseaba aprender a cómo vivir nuestras vidas más en armonía con las *Leyes naturales del Universo*.

Quiero sentirme libre en mi trabajo

Jerry: La mayoría de lo que llamaríamos mis *profesiones* a través de los años, casi nunca comenzaron como un medio para ganar dinero. Eran más que todo cosas que disfrutaba hacer, y que terminaron dejándome ingresos.

Abraham: Bien, ése es en verdad el secreto del éxito que has tenido por muchos años. Porque determinaste temprano en tu vida que sentirte bien era lo más importante para ti, te las arreglaste para encontrar una variedad de formas interesantes de mantener esa intención, sin comprender en esa época que *el secreto del éxito es mantenerte feliz.*

A muchos de ustedes les enseñaron que su propia felicidad era una búsqueda egoísta e inapropiada, y que sus verdaderos objetivos deberían ser respecto al compromiso, la responsabilidad, la lucha y el sacrificio..., pero deseamos que comprendan que pueden comprometerse y ser responsables, y a la vez ayudar a los demás, *y ser felices*. De hecho, a menos que encuentren la manera de conectarse con su verdadera felicidad, el resto de su búsqueda será vacía, serán palabras huecas sin el respaldo de nada de verdadero valor. *Solamente pueden ayudar a los demás desde su posición de conexión y fortaleza.*

A menudo dicen: "No quiero trabajar," queriendo decir: "No quiero ir a un sitio a hacer cosas que no deseo para ganar dinero." Y cuando les preguntamos por qué, dicen: "Porque quiero ser libre." Pero lo que buscan no es la libertad de la acción, sino la acción divertida. Y no desean libertad del dinero, porque el dinero y la libertad son sinónimos. *Buscan libertad del negativismo, de la resistencia, del bloqueo de quienes en verdad son, y del bloqueo de la abundancia que es su derecho de nacimiento. Buscan libertad de las carencias.*

¿Cuáles son los aspectos positivos de esto?

Abraham: *Cada vez que sientes emoción negativa, es tu <u>Sistema de Guía Emocional</u> indicándote que estás en ese momento, observando un aspecto negativo de algo, y al hacerlo, te estás privando a ti mismo de algo deseado.*

Si declaras tu intención de ver los aspectos positivos de cualquier cosa a la que le estés prestando atención, comenzarás a ver de inmediato la evidencia de la supresión de los patrones de resistencia, pues debido a tu cambio de vibración, le estás permitiendo al Universo que te entregue los deseos que has tenido por mucho tiempo.

A veces las personas pasan de un trabajo a otro, de una profesión a otra, de un patrón a otro, solamente para encontrar que el siguiente sitio no fue mejor que el anterior, y la razón de esto es que se llevan a ellos mismos dondequiera que van. Cuando vas a un lugar nuevo y te quejas de lo malo de tu última posición para explicar la razón por la que estás en una nueva posición, llevas contigo la misma mezcla vibratoria de resistencia y sigues evitando que te lleguen las cosas que deseas.

La mejor forma de mejorar tu ambiente laboral es enfocarte en las mejores cosas desde donde estás hasta que inundes tus propios patrones vibratorios con *aprecio,* y ante estas vibraciones distintas, puedes entonces permitir que te lleguen condiciones y circunstancias nuevas y mejoradas.

Algunos se preocupan de que al animarlos a que vean cosas buenas en donde están, se queden más tiempo en un lugar que no desean, pero lo opuesto es lo cierto: *en tu estado de aprecio, retiras todas las limitaciones autoimpuestas (y todas las limitaciones son autoimpuestas) y te liberas para recibir cosas maravillosas.*

Jerry: Abraham, ¿cuál es el papel del *aprecio* en la ecuación de la creación? Y, ¿cómo equivale una condición de aprecio a la llamada actitud de gratitud? Del libro de Napoleon Hill llamado *Piense y hágase rico,* aprendí a decidir lo que deseaba y a enfocarme luego en eso (o a pensar en eso) hasta que se convertía en realidad.

En otras palabras, establecía metas y cronogramas para su logro. Pero después de conocerlos a ustedes, me di cuenta que la mayoría de las cosas maravillosas que llegaban a mi vida no eran cosas que yo había *deseado* específicamente (aunque mucho de eso también llegaba). Lo que en realidad se manifestaba era la esencia de algo que yo hubiera *apreciado* muchísimo.

Es decir, conocí a Esther muchos años antes de que fuéramos pareja. Y durante esos años, jamás *desee* tenerla, pero sí *apreciaba* muchos los aspectos de su persona... y luego ella (y todos sus deliciosos aspectos) llegó por completo a mi vida. Y vean la diferencia tan fascinante que ella ha significado en los aspectos gozosos de mi vida.

Leí una y otra vez los libros de *Seth* y jamás *deseé* tener un "Seth" en mi vida. Pero *apreciaba* muchísimo las enseñanzas de esa "Entidad No Física" llamada Seth, así como a Jane Roberts y Robert Butts, quienes facilitaban esa experiencia. Y ahora, aquí están ustedes, no "Seth" en sí, pero ustedes traen consigo la esencia de todo lo que he *apreciado* tanto de las experiencias metafísicas de Jane, Rob y Seth.

Hace más de cuarenta años visité a una familia que vivía cerca de San Francisco quienes se ganaban la vida con un negocio de grabado en piedras desde su casa basado en un sistema básico, casi primitivo de ventas por correo. Jamás dije que *deseaba* ese negocio, pero en mi *aprecio,* le conté a miles de personas la historia de esa experiencia. Y un día (hace 20 años) mientras estaba en la oficina de correo recogiendo unos pedidos para las grabaciones de las *Enseñanzas de Abraham*, me di cuenta que estaba experimentando la esencia de ese negocio por correo que tanto había *apreciado,* y ahora, ¡miren los millones de personas que han sido positivamente impactados como resultado de los aspectos del negocio de la propagación de esta filosofía!

Podría listar muchos, pero añadiré un caso más: Esther y yo, cuando nos mudamos la primera vez a San Antonio, Tejas, encontramos una casa pequeña para rentarla temporalmente en donde disfrutamos una huerta de vegetales, gallinas ponedoras, una cabra que nos daba leche, y nuestro propio pozo... Solíamos caminar cruzando el camino frente a la casa, luego a través de una pista de aterrizaje para aviones pequeños y una arboleda de grandes cedros y robles. Incluso en medio del verano, disfrutábamos de nuestras caminatas siguiendo el sendero que los venados habían formado a través del denso bosque.

Un día descubrimos que uno de los senderos de los venados llegaba a una minúscula "pradera" escondida entre los robles. ¡Era tan hermoso! El prado y las flores y la atmósfera en general podían describirse como "encantadores." A Esther y a mí nos fascinaba ese lugar que nos brindaba una sensación tan agradable, y regresamos ahí muchas veces. Suscitábamos todas las posibilidades de cómo este claro antiguo, y en apariencia natural, había llegado a existir, y quién podría haberlo descubierto y disfrutado antes de nosotros. Nos preguntábamos por qué era tan inexplicablemente agradable para nosotros, ¡y lo *apreciábamos* tanto! *Nunca* dijimos que *deseábamos* ese terreno, simplemente lo *apreciábamos*.

Luego, unos cinco o seis años más tarde, un desconocido nos llamó y nos dijo que había escuchado que estábamos buscando un terreno para construir nuestro complejo de oficinas..., y que las casi 3 hectáreas que él nos ofrecía contenían una pequeña pradera escondida. Y ahora nuestra oficina reposa exactamente en ese lugar hermoso y encantador. Las 3 hectáreas se convirtieron en 8...; y luego un día me di cuenta que estaba *apreciando* los hermosos robles de las magníficas 8 hectáreas de mi vecino, y para abreviar una larga y deliciosa historia, esa pequeña pradera ahora ha evolucionado hasta convertirse en un terreno de 16 hectáreas, en un área privilegiada al lado de la autopista Interestatal 10... con hangar para aviones, helipuerto y un establo (no tenemos ni avión ni caballos). *Y todo comenzó con nuestro aprecio por esa pequeña pradera en el bosque.*

Abraham, ¿podrían por favor responder a mi perspectiva respecto a la emoción del *aprecio?*

Abraham: La vibración del verdadero amor, ese sentimiento de estar enamorados, ese sentimiento que tienes a veces cuando ves a alguien y sientes que no sabes dónde terminas tú y dónde empieza la otra persona. La sensación cuando ves la inocencia de un niño y sientes la belleza y el poder de ese niño. El *amor* y el *aprecio* son vibraciones idénticas.

El aprecio es la vibración de la alineación con quien en verdad eres. *Es la ausencia de resistencia. Es la ausencia de duda y miedo. Es la ausencia de abnegación o abominación hacia los demás. El aprecio es la ausencia de todo lo que se siente mal y la presencia de todo lo que se siente bien. Cuando te enfocas en lo que deseas —cuando cuentas la historia de cómo deseas que sea tu vida— te acercas cada vez más y más a la vecindad del aprecio, y cuando llegas ahí, atraes de una forma muy poderosa todas las cosas que consideras buenas.*

Por el contrario, hablemos de la diferencia entre, digamos, *gratitud* y *aprecio*. Muchas personas usan las palabras indistintamente, pero no creemos que tienen para nada la misma esencia vibratoria, porque cuando sientes gratitud, a menudo piensas en un dolor que superaste. Es decir, te sientes feliz de que ya no estás pasando por tu momento de dolor, pero sigue presente un poco de la vibración de "sufrimiento." En otras palabras, la diferencia entre *inspiración,* lo cual es tu llamado hacia *quien en verdad eres,* y *motivación,* lo que es tratar de hacerte ir a algún sitio, es una diferencia similar.

Aprecio es un sentimiento que te sintoniza, te conecta, te enciende. Aprecio es alineación vibratoria con "quien me he convertido." El estado de aprecio es "yo sincronizado con todo lo que soy."

Estar en estado de aprecio es ver todo a través de los ojos de la Fuente. Y cuando estás sintiendo aprecio, puedes caminar por una calle llena de gente con toda clase de cosas que muchos estarían encontrando razones para criticar o para preocuparse, y no tendrías acceso a ellas, pues en tu vibración de aprecio estás solamente escogiendo cosas de una naturaleza vibratoria distinta.

Un estado de aprecio es un estado de Divinidad. Un estado de aprecio es ser *quien en verdad eres.* Un estado de aprecio es lo que eras el día que naciste y lo que serás el día que mueras, y sería, (si estuviéramos en tus zapatos físicos) lo que buscaríamos en cada momento.

Joseph Campbell usó la palabra *felicidad,* y pensamos que es lo mismo: "Ve en pos de tu felicidad." Pero algunas veces, no puedes sentir ni un hálito de felicidad en donde estás. Te decimos entonces, si estás desesperado, sigue tu venganza, va *con la corriente*. Si estás en la venganza, sigue tu odio; va *con la corriente*. Si estás sintiendo odio, sigue tu ira; va *con la corriente*. Si estás en la ira, sigue tu frustración, va *con la corriente*. Si estás en la frustración, sigue tu esperanza; va *con la corriente*. Si estás en la esperanza, estás ahora en la vecindad del aprecio.

Una vez que llegas a la vibración de la esperanza, comienzas a hacer una lista de las cosas que te hacen sentir bien, y llenas tus cuadernos con ellas. Haz listas de aspectos positivos. Haz listas de cosas que amas. Ve al restaurante y busca tus cosas favoritas, y nunca te quejes de nada. Busca las cosas que más te gustan... aunque solamente haya habido una cosa que te haya gustado, dedícale por completo tu atención, y úsala como una excusa para ser *quien en verdad eres*.

Y cuando usas esas cosas que resplandecen y hacen que te sientas bien, como excusa para prestarles atención y ser *quien en verdad eres*, te sintonizas *con quien en verdad eres*, y el mundo entero comienza a transformarse ante tus ojos. *No es tu misión transformar el mundo para los demás, pero sí es tu misión transformarlo para <u>ti</u>.* Un estado de *aprecio* es una Conexión pura con la Fuente en donde no existe una percepción de carencias.

El tiempo que paso trabajando es cuestión de percepción

Abraham: En la misma forma que muchas personas se enfocan en la falta de *dinero,* hay muchos que se enfocan en la falta de *tiempo,* y con frecuencia estos dos temas de carencias se entrelazan y se impactan entre sí negativamente. Por lo general, la razón de esta combinación perjudicial de temas de carencias es el sentimiento de que no hay suficiente tiempo para hacer lo necesario, para conseguir el éxito.

La razón principal por la que las personas sienten la falta de tiempo, es porque están tratando de sacarle el máximo partido a sus acciones. Si no están conscientes del poder de la alineación y están haciendo un poco o nada de esfuerzo para encontrar su alineación personal; si están abrumados, enojados, resentidos o irascibles, y desde estas perspectivas emocionales, actúan para tratar de lograr cosas, es muy probable que estén experimentando una severa falta de tiempo.

Simplemente, no hay cantidad de acción posible en el mundo que compense la falta de alineación de Energía, pero cuando están conscientes de lo que sienten y atienden primero su equilibrio vibratorio, entonces experimentan lo que se siente como un Universo cooperador que abre puertas dondequiera para ustedes. El *esfuerzo* físico que requiere alguien en alineación es una fracción de lo que requiere alguien que no lo está. Los *resultados* experimentados por alguien en alineación son tremendos en comparación con los resultados experimentados por alguien que no lo está.

Si sientes falta de tiempo o dinero, tu mejor esfuerzo sería enfocarte en pensamientos que te hagan sentir mejor, hacer largas listas de aspectos positivos, buscar razones para sentirte bien y hacer más cosas que te hacen sentir bien. Tomarte el tiempo para sentirte bien, encontrar aspectos positivos, alinearte con quien en verdad eres, te rendirá resultados tremendos y ayudará a equilibrar tu tiempo de forma mucho más efectiva.

La falta de tiempo no es tu problema. La falta de dinero no es tu problema. La falta de Conexión con la Energía que crea mundos es la razón básica de todas las sensaciones de carencia que estás experimentando. Esos vacíos o carencias pueden llenarse con una sola cosa: tu Conexión con la Fuente y tu alineación con *quien en verdad eres.*

Tu tiempo es cuestión de percepción, y aunque el reloj esté marcando las horas al igual para todos, tu alineación afecta tu percepción, así como los resultados que permites. Cuando separas un tiempo para visualizar tu vida como deseas que sea, tienes acceso a un poder que no está disponible para ti cuando te enfocas en los problemas de tu vida.

Cuando observas las enormes diferencias en los esfuerzos que aplican las personas y los resultados obtenidos, tienes que concluir que hay más en la ecuación de lograr cosas que la sola acción. La diferencia es que algunos reciben el beneficio de la influencia de la alineación originada por sus pensamientos, mientras que otros bloquean esta influencia, debido a sus pensamientos.

Imagínate corriendo un kilómetro, y en este kilómetro tienes que atravesar dos mil puertas. Imagínate llegar a cada puerta y luego tener que abrir cada una antes de atravesarla. Ahora imagínate corriendo ese kilómetro, y cada vez que te acercas a una puerta, se abre para ti para que puedas mantener tu ritmo sin tener que desacelerar cada vez que llegas a una puerta. *Cuando estás en alineación con la Energía que crea mundos, ya no tienes que detenerte y abrir puertas. Tu alineación con la Energía permite que las cosas se alineen para ti, y la acción que ofreces es la forma de disfrutar de los beneficios de la alineación lograda.*

¿Debería tratar de trabajar más duro?

Abraham: Eres un creador poderoso, has llegado a un ambiente de Percepción Avanzada sabiendo que crearías a través del poder de tus pensamientos dirigiendo deliberadamente tu enfoque hacia las cosas que deseas. Tu intención no fue depender de tus acciones para esa creación.

Puede tomarte un tiempo ajustarte a la idea de que creas a través de tus pensamientos, no a través de la acción, pero no podemos enfatizar demasiado el valor de pensar y hablar de las cosas que deseas en vez de las cosas como son. *Una vez que no solamente entiendes el poder de tus pensamientos, sino que además diriges deliberadamente esta herramienta poderosa en la dirección de cosas que deseas, entonces descubrirás que la parte de la acción en tu vida es la manera en que disfrutas lo que has creado a través de tus pensamientos.*

Cuando logras la alineación vibratoria (lo que significa que tus pensamientos son agradables) y sientes inspiración al actuar, habrás logrado lo mejor de los dos mundos. Tu acción se sentirá fácil de realizar cuando estás sintonizado con la frecuencia vibratoria de la Fuente, y entonces te sentirás inspirado a actuar. Estos resultados son siempre placenteros. Pero tomar acción sin atender primero la alineación vibratoria es un trabajo duro, una acción ineficaz, que con el tiempo te desgasta.

Muchos de ustedes están tan ocupados con lo inmediato que no tienen tiempo para atender lo que es verdaderamente importante. Muchos nos dicen que están tan ocupados produciendo dinero que no tienen tiempo para disfrutarlo..., porque cuando dependen de sus acciones para crear, a menudo están demasiado cansados para disfrutar de su creación.

Pregunta: Mi trabajo es una aventura, y siento que realmente lo disfruto. Pero cuando relaciono el dinero y mis ingresos con mi trabajo, puedo sentir una tensión que le resta alegría. ¿Estas cosas no van bien juntas?

Abraham: Esta es una historia común que escuchamos de personas creativas que se dedican a hacer lo que aman en el terreno de la música o el arte, pero cuando deciden hacer de eso que aman su Fuente principal de ingresos, no solamente luchan para conseguir suficiente dinero, sino que su alegría previa también disminuye.

Muchas personas tienen una actitud más bien negativa respecto al dinero, simplemente porque la mayor parte de la gente habla con más frecuencia de lo que no puede costearse o de la falta de dinero, que de los *beneficios* del dinero. Además, la mayoría de las personas gasta mucho tiempo pensando en lo que está ocurriendo actualmente en su experiencia, que de lo que preferiría que ocurriera, y sin querer, la mayoría de las personas está pensando en el dinero más bien desde una posición de carencia.

Entonces, cuando acoplas una idea de algo que disfrutas —tu aventura, tu música, tu arte— con algo hacia lo que has sentido carencia por mucho tiempo (dinero), el equilibrio de tus pensamientos se inclina hacia los sentimientos dominantes.

Cuando comienzas a pasar más tiempo visualizando lo que deseas y menos tiempo observando lo *que es,* y cuando practi cas contar una historia mejor y más positiva, con el tiempo, tu *aventura* se convierte en la vibración dominante en tu interior; y cuando acoplas tu aventura con los medios para ganar dinero, las dos cosas se mezclan perfectamente y se mejoran mutuamente.

No hay mejor forma de ganar dinero que haciendo lo que te gusta hacer. El dinero puede fluir en tu experiencia a través de formas infinitas. No es la selección de tu oficio lo que limita el flujo de dinero, sino tu actitud hacia el dinero.

Esta es la razón por la cual hay tantas posiciones que se abren constantemente en el mercado, personas que se hacen millonarias con ideas que hasta hace poco no eran viables en absoluto. Eres el creador de tu propia realidad, y eres el creador de tu propio negocio y de tu flujo de dinero.

No puedes definir con precisión algunas actividades como <u>difíciles</u> y otras como <u>fáciles,</u> porque todas las cosas que están en armonía con lo que deseas son fáciles y fluyen con facilidad; mientras que todas las cosas que no están en armonía con lo que deseas son difíciles y se te resisten más.

Cada vez que estés haciendo algo que te parezca duro de realizar, debes comprender que tus pensamientos contradictorios están presentando resistencia en la ecuación. La resistencia se origina cuando piensas en lo que no deseas, y esto es lo que te produce cansancio.

Un ejemplo de mi "antigua" historia sobre mi profesión

Siempre he trabajado duro en todos los empleos que he tenido, pero jamás he sido verdaderamente apreciado. Siempre me ha parecido que mis patrones se han aprovechado de mí, sacándome el máximo de provecho y dándome muy poco a cambio. Estoy cansado de trabajar tanto por tan poco. Voy a comenzar a dar menos de mí también, no tiene caso matarme trabajando si nadie se da cuenta de lo que hago. Muchas de las personas en mi ambiente laboral saben menos que yo, trabajan menos que yo y ganan más que yo. No es nada justo.

Un ejemplo de mi "nueva" historia sobre mi profesión

Sé que no siempre estaré aquí en este lugar haciendo el mismo trabajo. Me gusta saber que las cosas están siempre evolucionando, y es divertido anticipar hacia dónde me dirijo.

Aunque hay muchas cosas que podrían ser mejores en el lugar en donde estoy, no es realidad un problema porque "donde estoy" está cambiando constantemente hacia algo mejor. Me gusta saber que cuando busco lo mejor a mi alrededor, esas cosas se vuelven más prevalecientes en mi experiencia.

Es divertido saber que las cosas siempre me salen bien, y observo la evidencia de eso... y veo más evidencia al respecto todos los días.

No hay forma correcta o incorrecta de contar tu historia mejorada. Puede ser respecto a tu pasado, a tu presente o a tu futuro. El único criterio importante es que seas consciente de tu intención de contar una versión de tu historia mejorada y que te haga sentir bien. Contar durante el día muchas historias cortas que te hagan sentir bien, cambiará tu punto de atracción.

Es hora de contar una nueva historia

Mi vieja historia es respecto a...

... cosas que han salido mal.
... cosas que no son como las quiero o como deberían ser.
... personas que me han desilusionado.
... personas que no han sido sinceras conmigo.
... no tener suficiente dinero.
... no tener suficiente tiempo.
... como por lo general son las cosas.
... como han sido las cosas toda mi vida.
... como han sido las cosas últimamente.
... injusticias que he visto en el mundo.

... personas que no me entienden.

... personas que no hacen un esfuerzo.

... personas que son capaces pero no se proponen serlo.

... insatisfacción con mi apariencia.

... preocupación por mi salud.

... personas que se aprovechan de otros.

... personas que desean controlarme.

Mi nueva historia es respecto a...

... los aspectos positivos de mi tema actual de atención.

... la forma en que verdaderamente deseo que sean las cosas.

... lo bien que están saliendo las cosas.

... como la *Ley de Atracción* es la verdadera administradora de todas las cosas.

... la abundancia que fluye en abundancia.

... como el tiempo es infinito y es cuestión de percepción.

... las mejores cosas que veo.

... mis recuerdos favoritos.

... la obvia expansión de mi vida.

... los aspectos fascinantes o interesantes de mi mundo.

... la increíble variedad que me rodea.

... la voluntad y la efectividad de tantas personas.

... el poder de mis propios pensamientos.

... los aspectos positivos de mi propio cuerpo.

... la estabilidad de mi cuerpo físico.

... cómo creamos nuestra propia realidad.

... mi libertad absoluta y mi alegre conciencia de ella.

Cada uno de los componentes que constituyen tu experiencia de vida, ha sido atraído hacia ti como respuesta de la *Ley de Atracción* a tus pensamientos y a la historia que cuentas sobre tu vida. Tu dinero y tus activos financieros; el estado de buena salud de tu cuerpo, tu claridad, flexibilidad, tamaño y forma; tu ambiente laboral, la forma en que eres tratado, la satisfacción con tu trabajo, tus recompensas, de hecho, la verdadera felicidad de tu vida en general, todo ocurre según la historia que cuentas. *Si permites que tu intención dominante sea revisar y mejorar el contenido de la historia que cuentas a diario, te prometemos solemnemente que tu vida se convertirá en esa historia que continuamente se mejora. Por la poderosa <u>Ley de Atracción,</u> ¡así debe ser!*

Acerca de los autores

Fascinados ante la claridad y el espíritu práctico de la información traducida de los Seres autodenominados *Abraham,* **Jerry** y
Esther Hicks comenzaron en 1986 a revelar su increíble experiencia con Abraham a un pequeño grupo de colegas.

Al reconocer los resultados prácticos obtenidos por ellos mismos y por las personas que formulaban preguntas significativas
respecto a la aplicación de los principios de la *Ley de Atracción* en
cuanto a finanzas, condiciones físicas y relaciones; y luego aplicando con éxito las respuestas de Abraham a sus propias situaciones, Jerry y Esther tomaron la decisión deliberada de permitir que
las enseñanzas de Abraham estuvieran disponibles a un círculo
cada vez mayor de personas que buscaban una vida mejor.

Usando como base su centro de conferencias en San Antonio
Tejas, Esther y Jerry han viajado a aproximadamente unas cincuenta
ciudades al año desde 1989, presentando una serie de Talleres inte-
ractivos sobre la *Ley de Atracción* ante los líderes que se reúnen a
participar en esta corriente progresiva de pensamientos. Y aunque
se le ha prestado atención mundial a estos practicantes y maestros
de la Percepción Avanzada de la filosofía del Bienestar, quienes a su
vez incorporan muchos de los conceptos de Abraham en sus acla-
mados libros, guiones, películas y demás materiales, la propagación
primaria de este material ha sido de persona a persona, cuando los
individuos comienzan a descubrir el valor de esta forma de práctica
espiritual en sus propias experiencias personales.

Abraham —un grupo de maestros No Físicos obviamente evo-
lucionados— hablan de su Perspectiva más Amplia a través de
Esther. Ellos nos hablan en nuestro nivel de comprensión a través

de ensayos amorosos, cariñosos, brillantes y extremadamente sencillos, en medios impresos y hablados, nos guían hacia una Conexión clara con nuestro amoroso y conductor *Ser Interior* y nos animan a empoderarnos desde nuestro Ser Total.

Presentando la *Ley de Atracción* universal, Esther y Jerry han publicado ahora más de 800 libros, cintas, discos de audio y de video con la firma Abraham-Hicks. Pueden contactarlos a través de su extensa e interactiva página de internet: **www.abraham-hicks.com**; o por correo a: Abraham-Hicks Publications, P.O. Box 690070, San Antonio, TX 78269.

Notas

Notas

Esperamos que haya disfrutado este libro de Hay House.
Si desea recibir un catálogo gratis con todos los libros y productos
de Hay House, o si desea mayor información acerca de la
Fundación Hay, por favor, contáctenos a:

Hay House, Inc.
P.O. Box 5100
Carlsbad, CA 92018-5100

(760) 431-7695 ó (800) 654-5126
(760) 431-6948 (fax) ó (800) 650-5115 (fax)
www.hayhouse.com®

Por favor, visite nuestra página en Internet:
www.hayhouse.com®